PANÉGYRIQUE & VIE

DE

SAINTE CLAIRE

D'ASSISE

Fondatrice de l'Ordre des Clarisses

PAR

M. l'abbé NESTOR ALBERT

Chanoine honoraire d'Annecy

Aumônier du Monastère des Clarisses d'Evian-les-Bains

(Haute-Savoie)

Avec Approbation de S. G. Monseigneur l'Evêque d'Annecy

EVIAN-LES-BAINS

IMPRIMERIE MUNIER.

1894.

PANÉGYRIQUE ET VIE

DE

SAINTE CLAIRE D'ASSISE

Fondatrice de l'Ordre des Clarisses

PAR

M. l'abbé NESTOR ALBERT

Chanoine Honoraire d'Annecy

Aumônier du Monastère des Clarisses d'Evian-les-Bains

(Haute-Savoie)

Avec Approbation de Monseigneur l'Evèque d'Annecy

EVIAN-LES-BAINS

IMPRIMERIE MUNIER.

1894.

APPROBATION

DE Monseigneur ISOARD, Evêque d'Annecy

— ▶✷◀ —

Annecy, le 15 Septembre 1894.

✝

Monsieur le Chanoine,

Vous avez soumis à mon appréciation une *Vie de Sainte Claire d'Assise, Fondatrice de l'Ordre des Clarisses.*

Cette grande Sainte est peu connue en France : votre travail présente donc, en lui-même, une sérieuse utilité.

Votre manière de procéder n'est pas moins digne d'éloges. Vous ne soutenez point de thèses générales, comme il n'arrive que trop souvent; mais de nombreux extraits des premiers historiens de la Sainte, et, la plupart, ses contemporains, permettent au lecteur de vivre de son temps et, parfois, en sa compagnie.

Il apprend de saint François et de ses premiers compagnons, de sainte Claire et des Religieuses de St-Damien, par quels moyens se relèvent chez un peuple l'esprit chrétien et l'autorité de la Religion : nous avons besoin que cet enseignement nous soit souvent présenté.

Recevez, Monsieur le Chanoine, l'assurance de mes sentiments bien dévoués en Notre-Seigneur et en sa Sainte Mère.

✝ LOUIS, Evêque d'Annecy.

Ce *Panégyrique*, vous l'avez dit, n'est point sorti tel quel de mes lèvres.

Donné pour la Ste-Claire, dans la chapelle des Religieuses Clarisses d'Evian, et destiné à n'avoir aucun écho en dehors de cette modeste enceinte, il n'eut d'abord, en effet, que les proportions ordinaires d'un discours de ce genre. Cela suffisait.

Mais des personnes très respectables, trop indulgentes d'ailleurs pour mon travail, m'ont fait observer que la *Vie de Sainte Claire* par l'abbé Demore, la seule qui reste, est complétement épuisée; que ce livre, réédité ou remplacé par un autre de même étendue, serait assurément trop volumineux pour bien des lecteurs; qu'ainsi, sans rester sous le boisseau, la Vierge d'Assise brillerait d'un éclat beaucoup moins vif aux yeux des Chrétiens; que cette lacune, regrettable pour la gloire de N. S. Jésus-Christ et de son admirable Epouse, le serait aussi pour l'Ordre des Clarisses et ses nombreux amis; mais que mon simple *Panégyrique* la comblerait, dans une certaine mesure, s'il était à la portée de chacun.

Devant ce langage, je n'ai pu que m'incliner.

Toutefois, pour être livré au public et pour atteindre le but en question, mon humble discours a dû prendre des développements qui ne l'ont point altéré, mais qui l'ont considérablement augmenté. Si je ne me fais illusion, il est devenu une chaîne partant du berceau de Ste-Claire pour venir jusqu'à nos jours, et déroulant de nombreux anneaux qu'on ne saurait guère supprimer, sans nuire à leur enchaînement. Il est devenu toute une *Vie* de Sainte Claire.

Les sources dans lesquelles j'ai puisé sont, avant tout, les textes officiels de l'Eglise et les Docteurs, tels que St-Thomas et St-Bonaventure. Viennent ensuite des auteurs plus récents, et surtout les Bollandistes.

Ces derniers, dans leur immense collection, consacrent à notre Sainte deux travaux qui se suivent et se complètent.

C'est d'abord un Commentaire-Préface, tiré de Wadding et d'autres auteurs. Il compte 76 alinéas ou numéros, compris le *Testament spirituel de Ste-Claire* et la *Bulle de sa Canonisation*.

Le second est une *Vie de Ste-Claire* en 71 alinéas, écrite en latin, vers 1255, par ordre d'Innocent IV,

III

et provenant d'un Auteur anonyme que l'on croit être
le B. Thomas de Solano. Qu'on en juge par le choix
que le Pape lui-même fit de ce personnage pour
lui confier une œuvre de cette importance, par le
cas qu'en ont fait Surius, Baronius, Wadding, les
Bollandistes et bien d'autres, par la modestie de
l'écrivain qui voulut rester inconnu, enfin par le
principe de Buffon: «Le style, c'est l'homme», cet
Auteur est vraiment consciencieux et véridique, et
l'on doit s'en rapporter à son témoignage. Or c'est
lui-même, cher Lecteur, qui, très fréquemment,
vous adressera la parole. Je l'analyse quelques fois:
le plus souvent, je le cite textuellement entre guil-
lemets, me gardant bien de mêler les scories de
ma prose à l'or de sa composition, à la fois grave
et pieuse, simple et élégante.

Pour abréger les indications placées au bas des
pages, je désigne par un simple V la *Vie* sortie de
cette plume vénérable, et par C P le *Commentaire-
Préface* des Bollandistes.

Je vous devais ces lignes, cher Lecteur. Et
maintenant, que notre sainte Héroïne nous bénisse,
vous et moi, à la vie et à la mort!

Evian, fête de la Nativité de la Vierge Marie, 1894.

L'AUTEUR.

NOTICE

SUR

LE BIENHEUREUX THOMAS DE CELANO
réputé l'auteur de la VIE de SAINTE CLAIRE

DONNÉE

PAR LES BOLLANDISTES

Né à Célano, dans l'Abruzze, fils du baron Castiglione, Thomas entra vers 1215 dans l'Ordre séraphique, il fut reçu par François lui-même, et vécut avec lui durant quelques années. Observateur attentif du Saint, il le dévorait des yeux, et se renseignait de tout auprès des mieux placés. Il fit une absence de trois ans, pour remplir en Allemagne les fonctions de Custode et de Vicaire provincial. Rentré en 1223, il assista aux derniers moments de son Patriarche. Grégoire IX le chargea de composer la biographie du vénéré défunt : il le fit dans deux *Légendes* très appréciées. Sans être un historien achevé, car il rompt volontiers le fil du récit, il est témoin fidèle et peintre excellent. Le B. Thomas devint ensuite le Confesseur des Clarisses de Monte-Vari, près Tagliacozzo (Abruzze). Il reçut du Ciel le don des miracles, et plusieurs sont rapportés par Corsignani, Evêque de Vénosa (1). Outre la prose *Sanctitatis nova signa* de la Fête de saint François, on lui attribue le *Dies iræ*, chef-d'œuvre qui suffirait à l'immortaliser. Il paraît avoir été choisi par Innocent IV pour rédiger la biographie de sainte Claire. Il mourut Confesseur des Clarisses, et fut enseveli dans leur chapelle. Aujourd'hui ses Reliques sont à Tagliacozzo : on les expose, chaque année, le lundi de Pâques et le 2 août, car le B. Thomas jouit d'un culte public immémorial.

---

1) Reggia Marsicana, p. 2, l. 4.

Si quis mihi ministra-
verit, honorificabit eum
Pater meus.

Si quelqu'un me sert, mon Père
l'honorera.

(Ev. St-Jean, XII, 26).

MES RÉVÉRENDES SŒURS ET MES BIEN CHERS FRÈRES,

Dieu fait toutes choses avec nombre, poids et mesure (1) ; et, s'il se montre admirable dans ses Saints (2), c'est surtout en les appelant sur la scène du monde à l'heure utile et providentielle.

Cette divine sagesse brille et resplendit dans sainte Claire d'Assise, dont nous célébrons cette année le septième centenaire baptismal et dont la fête parfume aujourd'hui cet humble et pieux sanctuaire.

Quand apparut cette noble et radieuse figure, l'Eglise, notre mère, n'était que trop semblable à son Époux crucifié. Un grand Pape l'a dit, comme lui, elle avait cinq plaies profondes : en Orient, les ravages des Tartares, le schisme des Grecs, les impiétés des Mahométans et des Corasmiens : en Occident, les prétentions et persécutions des empereurs d'Allemagne, mais surtout la renaissance du manichéisme

---

1) Sag. II, v. 21. — 2) Ps. 68, v. 36.

dans l'hérésie albigeoise, « secte plus funeste que le maho-
« métisme, qui, sous une couleur chrétienne, travaillait à la
« ruine de toute religion, de toute morale, de toute so-
« ciété (1). » A l'exemple du Sauveur en croix, l'Eglise
sentait aussi sur sa tête auguste, au-dessous d'une splendide auréole de sainteté et de génie, une véritable couronne
d'épines, dans certains dignitaires qui se laissaient aller aux
habitudes seigneuriales, et qui enhardissaient ainsi les Vaudois à contrefaire l'humilité et la pauvreté chrétiennes, sous
prétexte de ramener le clergé et le peuple à la pureté des
sièles apostoliques (2). « Leur hérésie, dit Léon XIII, inju-
riait l'Eglise, troublait l'Etat et ouvrait les voies à un certain
socialisme (3). » En un mot, selon l'expression de la sainte
Liturgie, le monde se refroidissait : *frigescente mundo* (4).
Il fallait donc que de grandes âmes vinssent ranimer le feu
que Jésus-Christ est venu allumer sur la terre et dont il la
veut embrasée (5). Il fallait des âmes qui ne fissent point
profession de savoir autre chose que Jésus-Christ et Jésus-
Christ crucifié... et qui, sans employer les discours persua-
sifs de la sagesse humaine, montrassent au monde les effets sensibles de la sagesse et de la vertu d'en-haut (6).

Tel fut, avant tout, le rôle de saint François d'Assise et
de saint Dominique, si bien montrés de Dieu au grand
Innocent III comme des colonnes destinées à soutenir la
basilique de Latran, image de l'Eglise tout entière. Mais
telle fut aussi la mission de la Vierge d'Assise, donnée au
Patriarche séraphique pour être son aide et son auxiliaire :
adjutorium simile sibi (7). Autant, en effet, François agit,

---

1) Rohrbacher, L. 71, § 11. — 2) Mosheim, Hist. eccl.,
12ᵉ s., 2ᵉ p., c. 5. — 3) Encycl., 17 sept. 1882. — 4) Fête des
Stigm. de St-François, Or. — 5) St-Luc, 12, 49. — 6) 1 Cor.,
11, 24. — 7) Gen., 2, 18.

par les Frères Mineurs et le Tiers Ordre, sur la masse du clergé et des simples fidèles, autant, sous sa paternelle direction, Claire sut lever, au milieu du sexe faible, en l'entourant d'une troupe d'élite, le royal étendard de la Croix, de la Croix par l'humilité, la pureté et surtout par la pauvreté la plus parfaite et la plus héroïque.

Je voudrais, mes Sœurs et mes Frères, vous aider à célébrer et la Fête et le septième Centenaire baptismal de notre glorieuse Héroïne. Je voudrais vous montrer chez elle, comme un double spectacle, le service qu'elle a rendu à son Dieu, et l'honneur dont ce grand Dieu l'a couronnée, selon la parole du Sauveur : « Si quelqu'un me sert, mon Père le couvrira d'honneur ». Je voudrais ainsi vous commenter ces magnifiques paroles du Pape Alexandre IV : « O « Claire! vierge illustre à tant de titres, illustre avant le jour « où vous vous donnâtes à Dieu, plus illustre par le courage « qui vous fit renoncer au monde, illustre encore davantage « par la manière dont vous entrâtes dans l'état religieux, « voilà que vous brillez d'un éclat nouveau, après le temps « que vous avez passé dans la vie présente (1). » Il me semble que, sous le couvert de ces paroles pontificales, je pourrais espérer la victoire promise à l'obéissance (2).

Mais, au moment de pénétrer dans ce sanctuaire, j'entends la voix qui dit à Moïse sur le mont Horeb : « N'approche pas sans ôter ta chaussure : elle est sainte la terre que foulent tes pieds (3). » Veuillez donc nous introduire vous-même, ô Reine des Vierges, dans ce temple vénérable ; et vous, que Claire a tant aimée et qui l'avez bénie si visiblement, soyez à nos côtés pour nous la faire connaître.

---

1) Bulle de la Canon., Boll. n° 49. — 2) Prov. 21, 28. — 3) Exc. 3, 5.

I

Entre Rome et Lorette, dans l'antique Ombrie, ce cœur et cet Eden de l'Italie, au sein de la vallée de Spolète, alors si fidèle au sceptre même temporel du Souverain-Pontife, au pied d'une cime sourcilleuse des Apennins, sur la pente d'un coteau verdoyant et fertile, s'élève et s'étend une petite ville que nous nommons Assise, mais que Dante Alighieri, proclamé naguère par Léon XIII Prince des littérateurs (1), veut qu'on appelle Orient, parce qu'elle a vu se lever le Soleil séraphique dont Claire a reflété les plus beaux rayons et connu les feux les plus ardents (2).

Par son père Favorino, et par Hortulane, sa mère, Claire descendait de cette Noblesse qui, non contente de fiefs et de manoirs magnifiques, savait tenir l'épée et la tenir, au besoin, pour l'Eglise et la patrie (3). Sa mère devait être avec le temps, comme son nom l'indiquait, une grande jardinière du bon Dieu : pour lors, elle y préludait par de dévots pélerinages, si pénibles à cette époque, celui de Jérusalem, celui du sanctuaire de St-Michel sur le mont Gargan, celui de Rome enfin (4).

A l'approche du moment où elle espérait un premier-né, elle était dans le lieu saint, anxieuse et humblement prosternée aux pieds du Crucifix, quand une voix lui fit entendre ces paroles rassurantes : « Femme, ne crains point : ce « sera avec bonheur que tu produiras une certaine lumière « dont l'éclat remplira l'univers (5). » L'enfant vint au monde au château paternel, le 16 juillet 1194 ; on la baptisa

---

1) Bref du 13 Juin 1894 aux Fabriciens de l'Eglise de St-François de Bologne. — 2) Paradiso, ch. 11. — 3) V. n° 1. — 4) Ib. — 5) P. C. n° 58.

lé même jour dans la vieille cathédrale d'Assise ; sa mère lui fit donner le nom prophétique de Claire, tant elle comptait que le Ciel donnerait de l'éclat à cette lumière naissante (1) ! Sans avoir de fils, Hortulane eut encore deux filles : Agnès et Béatrix.

Sachant que l'enfant est un vase qui conserve toujours l'odeur du parfum dont il s'est imprégné, elle se garda bien de confier sa fille aînée à des mains mercenaires, mais elle la nourrit de son lait, et lui fit sucer en même temps, goutte par goutte, celui de la vérité catholique (2). Bien longtemps avant notre grand Joseph de Maistre, elle nous affirmait ainsi à sa manière que « ce qu'on appelle l'*homme*, c'est-à-« dire l'homme *moral*, est peut-être formé à dix ans ; et « que s'il ne l'a pas été *sur les genoux de sa mère*, ce sera « toujours un grand malheur (3). »

Aussi Claire ne tarde pas à répandre, selon le mot de saint Bonaventure, (4) « l'odeur de la fleur du printemps.» Docile à sa mère et au Saint-Esprit, elle compatit à toutes les souffrances ; elle prélève sur son petit repas la part du pauvre et de l'orphelin (5) ; elle s'élève peu à peu, sur les ailes de la prière, jusqu'au désir caché du célibat ; à défaut du chapelet, encore inconnu, elle compte par des pierres les *Pater* qu'elle s'est prescrit de réciter ; elle cache, sous de riches vêtements ornés de quelques fleurs, son premier cilice et l'esprit de Jésus-Christ ; elle écarte, dans ses causeries, toute idée d'une alliance mondaine ; et, sans quitter encore la maison paternelle, elle s'est déjà fait un monastère (6).

Cependant saint François fondait à Assise le parfait royaume de la Pauvreté évangélique. Déjà il y avait restauré

---

1) V. 2. — 2) nº 3. — 3) Soirées de St-Petersbourg, 3ᵉ entr. — 4) Vita St-Francisci, ch. 4. — 5) V. 3. — 6) V. 4.

l'église délabrée de St-Damien, disant à ses compatriotes :
« Venez tous, et m'aidez en cette œuvre ; car un jour il y
« aura ici un monastère de dames de sainte vie, dont le
« renom fera glorifier le Père céleste dans toute l'Eglise (1). »
Déjà il avait relevé de ses ruines la chapelle de Ste-Marie
des Anges ou de la Portioncule. Déjà il y avait réuni les
douze premiers-nés de la grande famille franciscaine. Déjà
enfin il avait trouvé aux pieds d'Innocent III des accents si
apostoliques que, triomphant des hésitations de ce prudent
génie éclairé d'ailleurs par le Ciel lui-même, il avait obtenu
une première approbation du Vicaire de Jésus-Christ pour sa
Règle, la dernière des quatre grandes Règles religieuses (2).
Le jeune Apôtre, simple diacre, venait même, dans une
station à la cathédrale d'Assise, de tenir toute la cité sus-
pendue à ses lèvres, et d'y préparer sa célèbre Charte com-
munale de 1210.

Les choses en étaient là quand cet humble de cœur,
émerveillé à son tour des éloges qu'on faisait de Claire, « se
« mit aussitôt à exhorter cette fille extraordinaire pour la
« conduire à la parfaite servitude de Jésus-Christ (3). » Les
aimants ne s'attirent que si leurs pôles sont de noms diffé-
rents ; les Saints s'attirent, au contraire, parce que tous ils
ont pour pôle Jésus-Christ, et qu'ils sont les diamants de sa
couronne. Il suffit, en effet, à nos deux Saints de quelques rares et courtes entrevues, pour les orienter vers le
centre adorable des âmes héroïques (4).

Qu'ils sont beaux d'ailleurs, quoi qu'en dise le siècle, ces
horizons de la vie religieuse que François d'Assise fait con-

---

1) V. 10. — 2) Les trois autres de ces Règles typiques sont
celles de saint Basile, de saint Augustin et de saint Benoît. —
3) C. P. 51. — 4) V. 5.

templer à la fille de Favorino ! Et comme cette contemplation rappelle les « amoureux élans » vers le ciel, que, « d'un
bond de cœur », prenaient saint Augustin et sa mère, sur le
port d'Ostie (1).

S'offrir en holocauste à Dieu, lui consacrant à jamais ses
avoirs, son corps et son âme (2) ; suivre ainsi Jésus-Christ
jusque dans la voie des conseils de pauvreté, de chasteté
et d'obéissance (3), pour ne plus penser qu'à lui (4) et devenir son Epouse et son auxiliaire ; échanger la vie si souvent oiseuse et stérile du monde contre une existence toute
remplie, en faveur du prochain, d'exemples lumineux, de
sacrifices continuels, de prières protectrices et d'œuvres
variées sur lesquelles la bénédiction divine coule à flots ;
quitter soi-même les dangers, les souillures et les tourments
du siècle, de la terre d'Egypte ; trouver, en franchissant le
Jourdain, un second baptême qui délivre l'âme de toute la
peine due au péché (5) ; rencontrer dans le saint combat
cette pénitence dont doit être pleine toute vie chrétienne (6);
goûter, entre ses Frères ou Sœurs et le Tabernacle, le cen-
tuple promis (7) et la plus grande somme de joie possible sur
la terre (8) ; procurer à ses actes, outre leur mérite propre,
celui de la vertu de religion (9) ; s'assurer le bonheur de
porter au ciel l'auréole des vierges et de suivre l'Agneau
partout où il ira (10) : qelle perspective ! quelle sagesse éle-
vée ! quel idéal de gloire et de félicité ! Et c'est là le partage
et le calice du Religieux et de la Religieuse, âme parfaite,
si elle est fidèle, et plus chère à Dieu, nous dit saint Al-
phonse de Liguori, que mille âmes imparfaites (11). Aussi

---

1) Conf. L. 9, c. 19. — 2) Saint Thomas, Summ. Th. 2, 2ae
186, 1. — 3) 2, 2ae, 81, 1 ad 5. — 4) 1 Cor. 7, 34. — 5) Saint
Th. 2, 2ae, 189, 3 ad 3. — 6) Conc. Trente, Ses. 14. De extr.
onct.— 7) Matt. 19, 29. — 8) Montalembert. Moin. d'Occ. c. 5.
— 9) S. Th. 2, 2ae, 88, 6. — 10) Supp. 96, 5. — 11) Prax.
Conf. 121.

le Concile de Trente a-t-il défini comme de foi que l'état religieux est meilleur et plus heureux que l'état conjugal (1) ; et l'Eglise fait-elle, dans sa Liturgie, une véritable épopée pour la solennité qui unit les Vierges à leur divin Epoux (2).

Sur les lèvres d'un François d'Assise, ces vérités trouvèrent un facile écho dans une âme comme celle de sa compatriote. (3) Selon Barthélemy de Pise, le Saint aurait même dit à la noble postulante : « Voulez-vous que je vous croie ? Revêtez-vous d'un sac et allez mendier dans toute la ville d'Assise. » Claire l'exécuta ; mais Dieu permit que personne ne la reconnût sous les livrées de la misère, sinon François qui ne douta plus de ses grandes destinées (4).

Que ce fait soit historique ou légendaire (5), ce qui est certain, c'est que Claire se décida, pour rompre ses liens, à faire tous les sacrifices et à vaincre toutes les oppositions. Elle savait que, pour ne pas obliger *par elle-même* sous peine de péché, pas plus que les conseils évangéliques (6), la vocation religieuse ne saurait être négligée, sans un grand désordre, sans un mépris d'une grâce « qui a dû jaillir des extrêmes et des plus douloureuses profondeurs de la passion de Jésus », sans qu'on mette « le pied sur la pente de l'enfer », sans que l'âme dévoyée n'ait à subir, avec un purgatoire que « nul ne peut dire », des épreuves et des souffrances dont l'histoire est longue dans les annales secrètes de la Providence (7). Elle le savait aussi, les voies qui mènent à la vie religieuse sont inviolables ; et, « si les

---

1) Sess. 24, can. 10. — 2) Pontifical P. I. De Cons. Virg. — 3) V. 6. — 4) C. P. 31. — 5) L'auteur des *Conformités de saint François d'Assise avec N. S. Jésus-Christ* a moins écrit une histoire, qu'il n'a soutenu une thèse et fait l'apothéose filiale de son Héros. — 6) St-Alph. Lig. Th. mor. 4. c. 1. Dub. 5. — 7) Mgr. Gay. De l'état religieux.

parents ne se trouvent pas dans une nécessité telle qu'ils aient grandement besoin de leurs enfants, il est permis à ceux-ci d'entrer en religion, même contre la volonté de de leurs parents.... Il vaut mieux, en effet, obéir *au Père des esprits, afin d'en obtenir la vie,* que d'obéir à nos parents selon la chair (1).» Et pourtant que de projets, que de rêves, dans les intimités de Favorino et d'Hortulane, au sujet de leur fille aînée, la lumière de leurs yeux et leur principale héritière !.... Quel beau parti elle eût pu trouver parmi les chevaliers et seigneurs ombriens !

Mais, non contente de dire avec saint Paul : « Tout me paraît de l'ordure pour gagner Jésus-Christ (2), » la noble enfant songeait, à l'école de son Maître, à rompre au plus tôt les liens qui retenaient sa barque au rivage, afin qu'elle avançât, sans plus de retard, sous le vent de la grâce, dans la haute mer de la perfection religieuse (3). Elle regardait — et avec raison — les délais inutiles comme injurieux au divin Maître, comme contraires aux exemples et aux conseils des Saints, comme pleins d'anxiétés, de pas glissants et de périlleux imprévus (4). Sur les ordres de son éminent directeur, elle prend donc le Dimanche des Rameaux, 19 mars 1212, pour la date de son entrée en religion (5) Sa vie comptait à peine dix-huit printemps.

Le jour solennel est arrivé. La jeune Vierge, toute radieuse, mais palpitante d'émotion, se rend à la Cathédrale, pour la cérémonie des Rameaux ; mais, au moment de la distribution, sa modestie la retient à sa place. Alors, par une inspiration de Dieu, le vénérable Evêque d'Assise descend de l'autel, se dirige vers sa noble diocésaine, et lui

---

1) Hebr. 12. Saint Thomas, Sum. Th. 2, 2ᵃᵉ, q. 189 a. 6. — 2) Phil. 3, 8. — 3) V. 7.   · 4) S. Thom. 2, 2ᵃᵉ, 189, 10. — 5) V. 7.

met entre les mains une palme qui symbolise la victoire qu'elle va remporter. En effet, dès que la nuit a enveloppé de ses voiles les abords du château paternel, Claire quitte, sans mot dire, sa famille, sa maison, sa cité bien aimées ; et Dieu, l'approuvant visiblement, permet qu'elle puisse écarter, de ses mains délicates et sans peine, les gros pieux et les énormes pierres qui barricadent la porte secrète, seule propice à son évasion. Une vénérable amie l'attend, d'ailleurs, pour l'accompagner (1).

La voilà donc, cette colombe fugitive, qui prend son vol vers Notre-Dame de la Portioncule, arche bénie dont un autre Noé va lui ouvrir l'entrée. Reconnaissez-la, mes Sœurs, à la douce majesté de sa taille et de son visage, à la délicatesse de ses traits, à la pureté de son front, au sourire céleste qui erre toujours sur ses lèvres, aux battements de son cœur de Séraphin.

Le voilà aussi le Patriarche dont elle est la première fille spirituelle. Voyez-le, sous sa bure sombre et sous l'humble cordon que lui a tissus la Pauvreté, au milieu de ses premiers Frères qui tous reçoivent Claire, un cierge à la main.

Enfin le voilà, entre la victime et le sacrificateur, l'autel du sacrifice ; et c'est le vôtre, ô Mère de Dieu, ô Reine des Anges et des Vierges !

Après le *Veni, Creator*, François adresse à Claire quelques paroles simples et vibrantes. Elle se dépouille de ses parures et riches vêtements, pour revêtir une tunique de laine, couleur cendrée, et se ceindre d'une corde grossière. De ses mains (2), François coupe sa blonde chevelure et la couvre d'un voile épais. Alors, à genoux devant la Vierge

---

1) V. 7. — 2) C. P. 51.

qui lui tend les bras, Claire prononce, d'une voix ferme, les vœux qui la cloueront désormais à la croix du Sauveur (1).

Ainsi naquit l'ordre des Clarisses. Il eut pour sein maternel la Passion du Fils de Dieu ; pour berceau, le palais angélique de la Très Sainte Vierge ; pour date, celle qu'on donne communément à la mort glorieuse de saint Joseph : ainsi il est né sous les auspices de toute la Sainte Famille, dont il célèbre chaque année la Fête solennelle.

Saint François avait conduit Claire provisoirement, à Assise, chez les Bénédictines de saint Paul. Notre Sainte y était à peine entrée, que, s'apercevant de son évasion, sa famille se souleva comme une mer en furie. Ils sont si rares, hélas ! les parents qui, comme Abraham, savent sacrifier Isaac au Dieu qui le leur a confié (2) !

Aussi quelle scène va se passer dans les murs paisibles qui abritent la nouvelle professe ! Tour à tour, Favorino et Hortulane elle-même font vibrer toutes les cordes possibles : larmes abondantes, voix de la chair et du sang, accents d'amitié, discours de la sagesse humaine, notes du désespoir (3). Vains efforts ! « Quiconque, a dit le Maître, aime son père ou sa mère plus que moi, n'est pas digne de moi (4) » ; et « celui qui, ayant mis la main à la charrue, regarde en arrière, n'est point apte au royaume des cieux (5). » Claire vit de la foi ; et, tout en sentant son cœur se fendre et se

---

1) V. 8. — 2) Ainsi faisait M. Jules Harmel, décédé naguère, et frère de M. Léon Harmel. Père de sept enfants, le grand chrétien vit son'aînée entrer aux Clarisses et quatre de ses fils en divers Instituts religieux ; et pourtant, chacune de ces vocations apportait à son cœur une joie et une fierté nouvelles. *Univers*, 27 mai 1894. — 3) V. 8. — 4) Matt. 10, 37. — 5) Luc. 9. 62

broyer, elle court à son Bien-Aimé, elle gravit les degrés
de l'autel, embrasse des deux mains la nappe qui le couvre,
montre aux siens sa chevelure sacrifiée, et s'écrie : « Non,
rien ne m'arrachera au service de Jésus-Christ ! » L'assaut
se renouvellera quand même (1). Mais Claire restera comme
une tour inexpugnable ; et alors toute la cité finira par
rendre hommage à celui et à celle que notre saint François de Sales appelle si bien « les deux beaux fleurons de
la ville d'Assise (2). »

Par obéissance à son Père spirituel, Claire quitta bientôt
St-Paul d'Assise pour passer quelque temps au monastère
de St-Ange, autre couvent des Bénédictines, plus rapproché
de la Portioncule.

Seize jours seulement après sa profession, lui fut accordée
une grâce des plus signalées. Elle avait laissé au foyer
paternel, dans sa sœur Agnès, âgée de quatorze ans, une
amie de cœur et un de ces anges de pureté dont le siècle
est indigne. Aussi suppliait-elle la divine Majesté de l'appeler, elle aussi, à la vie religieuse. Bien qu'Agnès eût juste
l'âge requis pour entrer dans le cloître (3), le Seigneur
exauça son aînée, et la sœur vint y rejoindre sa sœur.
« Dieu soit remercié, ma toute chère, » lui dit Claire, en la
serrant sur son cœur, « d'avoir calmé mes angoisses à
votre sujet ! (4) »

Mais, au moment où les deux amies savouraient leur
bonheur, un horrible complot se tramait contre la jeune
novice. La plaie toute saignante faite par le départ de Claire
venait d'être rouverte par celui d'Agnès ; et, l'enfer l'enve-
nimant, dès le lendemain, douze hommes furibonds, parmi
ses proches, envahissent son asile, avec la brutalité du

---

1) V. 9. — 2) Edition Vivès, T. 4, p. 414. — 3) S. Th. 2, 2ᵃᵉ,
189, 5. — 4) V. 24.

temps, jurant de la ramener morte ou vive à Favorino. « Qu'êtes-vous venue faire ici ? » lui disent-ils. « Hâtez-vous de rentrer avec nous. » — « Non, repartit Agnès ; je ne quitterai pas ma sœur. » Aussitôt l'un d'eux, qui portait l'épée, se précipite sur elle, à coup de pied et de poing, la saisit par les cheveux, et l'entraine de force, pendant que les autres l'enlèvent dans leurs bras. Au milieu de ces lions déchainés, Agnès s'écrie : « A mon secours, ma sœur bien-aimée ! Ne me laisse pas arracher ainsi au Christ, Notre Seigneur ! » Aussi, pendant que les bourreaux font violence à leur victime, qu'ils mettent ses vêtements en lambeaux, qu'ils couvrent chemins et rochers de ses cheveux et de son sang, Claire, à genoux, verse un flot de larmes, demandant pour sa sœur la persévérance, pour ses ravisseurs une humiliation infligée par la puissance divine (1). O prodige ! soudain le corps d'Agnès devient lourd et écrasant, au point que les douze sont forcés de la laisser sur le bord d'un ruisseau. Des campagnes voisines on accourt leur prêter main forte. Peine perdue ! Le corps est un bloc de plomb. « Quelle merveille ! » disent sottement les agresseurs confondus. « Toute la nuit elle n'a fait qu'avaler du plomb : est-il étonnant qu'elle soit si lourde ? » Et alors, dans sa rage, le chevalier Monaldo, oncle de la jeune fille, lève une main sacrilège pour lui trancher la tête d'un coup d'épée. Soudain le doigt de Dieu se montre : Monaldo, saisi d'une douleur atroce, reste paralysé ; il guérira, plus tard, à la prière de sa nièce, pour devenir son plus dévoué protecteur. En même temps, Claire se présente. Elle prie ses parents de ne pas se raidir plus longtemps contre le Ciel ; et ceux-ci lui abandonnent leur proie presque inanimée. Agnès se relève, toute joyeuse d'avoir combattu ce premier combat pour Jésus-Christ (2).

---

1) V. 25. — 2) V. 26.

Filles de l'obéissance, Claire et Agnès s'établirent bientôt après à Saint-Damien, hors d'Assise ; c'était le nid que la Providence leur avait depuis longtemps préparé (1).

Le Seigneur voulant y être honoré, inspira à plusieurs âmes de chercher un asile dans cette oasis de sainteté. Au reste, plus Claire y « broyait le vase de son corps par les « macérations et les austérités de la pénitence, plus le par- « fum de sa sainteté remplissait toute la Cour de l'E- « glise (2) » et attirait de nombreuses et vaillantes compagnes qui fondèrent avec elle « l'Ordre insigne et admirable de Saint-Damien (3). » Parmi les Religieuses, Claire eut la joie de compter, avec sa sœur Béatrix et plusieurs nièces, sa propre mère qui vint y finir ses jours, à l'ombre de la plante que cette « excellente jardinière » avait produite dans le champ du Seigneur. Pendant trois années, notre Sainte refusa le titre d'Abbesse ; alors, vaincue par les importuni- tés de saint François, elle accepta de prendre les rênes du monastère (4). Dieu bénit si bien sa vertu que cinquante Religieuses se rangèrent bientôt sous sa houlette (5).

Et qu'était pourtant la vie des Sœurs à Saint-Damien? N'est-ce pas à elle que s'applique en toute vérité le mot de saint François de Sales : « La Religion est un mont de Cal- vaire (6)? » En effet, « une tunique de bure, couleur cendre, sans vêtement de lin ; un manteau de bure, forme de chape, descendant presque jusqu'aux talons ; un voile noir, au-dessus d'un voile blanc, couvrant tous deux la tête et la taille ; les pieds nus, des sandales de bois ; pour lit, un peu de paille dans une espèce de coffre allongé ; des veilles et des macérations pour l'amour de leur Dieu, » tel est cons- tamment le régime de saint Damien (7).

---

1) V. 10. — 2) C. P. 50. — 3) C. P. 52. — 4) V. 12. — 5) C. P. 28. — 6) Serm. Ste-Madel. 5, 179. — 7) C. P. 22.

Et pour donner à ce tableau, fait à grands traits, quelques coups de pinceau plus précis, j'ajouterai : Le lever quotidien de minuit à deux heures, au milieu des sept heures qu'elle consacre au repos, toujours habillée comme le guerrier sous sa tente ; l'abstinence perpétuelle et le jeûne de tous les jours ; l'Office divin psalmodié comme celui des Frères Mineurs, avec des exercices qui tiennent, neuf heures par jour, la Religieuse en contemplation ; le travail des mains, et l'heure de cellule passée avec Dieu, un livre, ou un ouvrage manuel ; dans le mobilier, ni chaise, ni banc à dossier, ni accoudoir ou agenouilloir, même au chœur ; le silence perpétuel, rompu par des lectures publiques ; le Dimanche, deux courtes récréations prises en commun, dans une charmante et douce gaité, mais jamais avec une Sœur plus sympathique ; la privation de feu l'hiver, sauf à la salle de communauté ; tout cela encadré dans les vœux perpétuels de pauvreté séraphique, de chasteté, de clôture et d'obéissance ; enfin, pour les Novices, les malades, et les Sœurs du dehors surtout, tous les adoucissements nécessaires : voilà la Règle, voilà les parures, les joyaux et l'écrin de la Fille de sainte Claire.

L'expérience le prouve, d'ailleurs, si une santé épuisée ne saurait s'accommoder de l'observance primitive, une santé même délicate s'y plie fort bien petit à petit, sous un ciel favorable.

Cette Règle, si austère qu'elle soit, vous la gardez comme un trésor, mes Sœurs, vous n'en voudriez pas perdre une parcelle. Vous le faites pour vous, pour vos frères, et pour le Sauveur. Pour vous-mêmes : « Les souffrances de la vie présente n'ont point de proportion avec cette gloire qui sera un jour découverte en nous (1). » Pour vos frères :

---

1) Rom. 8, 18.

ambitieuses de racheter le monde avec le Christ, « vous
« accomplissez dans votre chair ce qui lui reste à souffrir
« pour son corps qui est l'Eglise (1). » Pour Jésus : deve-
« nues ses Epouses, vous voulez le suivre, « dédaignant la
« joie qui lui fut proposée, méprisant la honte et embras-
« sant la Croix toute nue (2). »

Un jour, dit Rohrbacher (3), Cimabue, le restaurateur
de la peinture italienne, surprit, à quelques lieues de Florence, un petit pâtre occupé à dessiner sur une pierre l'i-
mage d'un de ses moutons. L'artiste découvrit le génie de
l'enfant : il l'emmena, et en fit son élève. Giotto, c'était le
nom du petit pâtre, éclipsa bientôt son maître, et devint le
grand peintre franciscain.

François fut, quatorze ans, le Cimabue de l'Abbesse de
St-Damien, et avec quelle paternelle bonté il lui prodigua
ses saintes exhortations ! Dirai-je que Claire a dépassé les
vertus du grand Stigmatisé du mont Alverne ? Que Dieu
m'en préserve ! Mais ce qui lui donna, même sur son Maître, une certaine supériorité, c'est qu'elle montra, et pendant quarante-deux ans, par la grandeur de sa force et
l'éclat de ses vertus, ce que peut, avec la grâce, le sexe
faible lui-même aux prises avec le plus absolu dépouillement, l'austérité la plus rigoureuse, la plus minutieuse
observance, la clôture la plus sévère et la vie la plus con-
templative.

Vous parlerai-je son humilité ? « Ce fut, nous dit sa *Vie*,
sur ce fondement qu'elle éleva son édifice spirituel. Enchaînée à saint François par l'obéissance, elle ne s'écarta
jamais d'un pas. Abbesse après un refus de trois ans, elle
n'eut qu'un désir : obéir plutôt que commander, servir les
servantes du Christ bien plus qu'en être servie elle-même ..

---

1) Col. 1, 24. — 2) Hebr. 12, 2. — 3) Hist. univ. L. 79.

Loin de rougir des plus bas offices, c'était elle qui, la plupart du temps, versait à ses Filles l'eau pour se laver les mains, les servait debout, elles assises, même au réfectoire. Elle ne donnait d'ordre qu'à regret : elle se mettait la première à l'ouvrage, préférant le faire que de le commander. Laver les sièges des infirmes et les essuyer elle-même, malgré sa noblesse d'esprit, elle le faisait, sans sourciller devant des choses malpropres et fétides. Bien des fois elle lava les pieds des servantes (1), de retour au monastère, et y colla ses lèvres en les embrassant. Un jour qu'elle rendait ce service à une Sœur, comme elle se hâtait de lui baiser le pied, celle-ci, se refusant à tant d'humilité, se retira brusquement et frappa son Abbesse à la bouche. Claire reprit doucement le pied de la servante, pour le baiser longtemps sous la plante (2). »

Vous dirai-je sa pauvreté d'esprit ? « A son entrée en religion, elle fit distribuer aux pauvres tout l'héritage paternel dont elle jouissait. Elle ne fit aucune réserve, laissant tout dans le monde, pour courir après le Christ, complètement dépouillée. Telle devint son alliance avec la pauvreté, tel son amour, qu'elle ne voulut que le Seigneur Jésus, et qu'elle ne laissa rien à ses Filles, réduites à n'accepter des vêtements que le nécessaire, sans provision pour l'avenir... Plus elle se réjouissait de recevoir les simples morceaux de pain qu'apportaient les Frères quêteurs, moins elle était contente des pains entiers (3). Elle le répétait souvent aux siennes, le moyen de rendre leur maison chère à Dieu, c'est d'avoir pour richesse la pauvreté ; et le secret d'assurer leur existence, c'est d'y vivre dans une pauvreté très profonde, comme à l'ombre d'une tour. Imiter, dans le petit

---

1) On appelait ainsi les Sœurs converses. — 2) V. 12. — 3) V. 14.

nid de la pauvreté, la pauvreté du Christ, de l'Enfant-Dieu étendu dans la crèche par sa mère si pauvre elle aussi, c'est le souvenir qui, comme un collier d'or, ornait et couvrait sa poitrine, pour que la poussière terrestre ne tombât point sur son cœur (1). »

« Que ne fit-elle pas pour obtenir à son Ordre le trésor de la pauvreté par excellence ! Elle sollicita d'Innocent III, avec le titre de Pauvres-Dames, le privilège de la pauvreté. « Jamais, s'écria le Pape, en félicitant cette Vierge d'une telle ferveur, jamais semblable privilège n'a été demandé au Saint-Siège. » Et pour témoigner sa joie d'une demande si insolite, le vénérable Pontife, les larmes aux yeux, voulut écrire de sa main presque mourante les premiers mots du Bref en question (2). »

Vous dépeindrai-je sa patience et sa mortification ? « En dépit d'une cruelle infirmité qui la fit languir vingt-huit années durant, Claire ne laissa jamais échapper ni murmure ni plainte ; de ses lèvres coulaient sans cesse des paroles saintes et des actions de grâces (3).» « Il vaudrait mieux, continue notre Auteur, se taire que de parler de ses macérations : elles sont si stupéfiantes que l'esprit se refuse à les admettre. Sans parler de la tunique si légère et du manteau de bure si grossier, qui couvraient son pauvre corps plus qu'ils ne le réchauffaient, ni de la privation de chaussure dont elle ne fit jamais usage, ni de ses abstinences et jeûnes continuels, ni de la dureté de son lit, tout autant de choses dont elle partageait la gloire avec ses Sœurs, elle portait en secret, sous sa tunique, un horrible vêtement fait de cuir grossier, d'un vil animal, dont les soies déchiraient sa chair virginale ; elle usait souvent d'un dur cilice tressé de crins de cheval entrelacés par des nœuds,

---

1) V. 13. — 2) C. P. 28. — 3) V. 46.

que serraient contre son corps de petites cordes très rudes. Une de ses Religieuses parvint à se le faire prêter ; mais, au bout de trois jours, elle se hâta de le rendre. Son lit, c'était la terre nue ou des sarments ; son oreiller, un simple tronc d'arbre. Plus tard, ses infirmités l'obligèrent à reposer sur du cuir, puis à mettre un peu de paille sous sa tête, et enfin, sur les ordres de saint François, à user d'un sac de paille (1). »

« Si rigoureux étaient ses jeûnes que, sans la force d'en-haut, son peu de nourriture n'eût pu la soutenir. Tant que la santé le lui permit, pendant le grand Carême et celui de saint Martin, elle jeûnait au pain et à l'eau, ne goûtant de vin que le Dimanche, si elle en avait. Les lundis, mercredis et vendredis de ces carêmes, le croiriez-vous ? chers auditeurs, elle ne prenait aucune nourriture. A un jour sans réfection succédait un jour de mortification ordinaire, de sorte qu'une vigile de complète abstinence se couronnait par une fête au pain et à l'eau. Est-il étonnant que, long-temps soutenue, une telle rigidité ait produit des infirmités, consumé les forces de Claire et émoussé sa vigueur ? Pleine de compassion pour leur sainte Mère, ses Filles arrosaient, pour ainsi dire de leurs larmes les souffrances mortelles qu'elle s'infligeait. A la fin, saint François et l'Evêque d'Assise défendirent à Claire de passer un seul jour sans prendre au moins une once et demie de pain. Mais, loin d'assombrir l'âme, comme d'habitude, ce martyre du corps la rendait radieuse : au milieu de ses mortifications, Claire conservait un visage riant et un air de fête, elle semblait ne pas s'apercevoir ou rire de ses tortures. Tant il est vrai que, du dedans, la joie rayonnait au dehors ! Tant il est vrai que l'amour allège le poids de la douleur ! (2) ».

---

1) V. 17. — 2) V. 18.

Quel triomphe Claire remporta donc sur la triple concupiscence ! Mais aussi quel n'était pas son esprit d'oraison ! Plus elle était détachée, plus elle s'élevait, du vol puissant de l'aigle, vers ces nues d'où descend la grâce. « La première aux Matines, reprend son historien officiel, elle excitait d'un geste les jeunes Sœurs à louer Dieu. Souvent même, pendant que la Communauté reposait, elle éclairait les lampes, et sonnait le réveil (1). Après Complies, ses prières prolongées et ses larmes abondantes en faisaient couler chez ses Religieuses. »

Quand celles-ci sont allées se jeter sur leurs pauvres lits, elle continue de veiller, invincible à la fatigue, heureuse de recevoir les divins sourires, tant que les autres restent plongées dans les bras du sommeil. Très souvent, la face contre terre, elle l'inonde de larmes, elle y attache ses lèvres, comme si elle tenait son Jésus dans ses mains, arrosant ses pieds du sang de son cœur et leur imprimant ses baisers. — Une nuit, l'ange de ténèbres, sous la forme d'un petit nègre, vient lui dire : « Si tu pleures tant, tu perdras la vue. » — « Non du tout : point ne sera aveugle, réplique Claire, celui qui verra Dieu. » Confondu, le démon se retire. Mais, la même nuit, après Matines, alors que Claire prie encore, baignée de larmes, le perfide l'aborde de nouveau. « Si tu pleures tant, ton cerveau s'écoulera par tes narines, et tu en garderas le nez contrefait. » — « Elle n'a rien à redouter une servante de Dieu, » repartit aussitôt Claire, et le tentateur de disparaître (2).

A la descente du Sinaï, mes Frères, Moïse avait le visage si rayonnant que, depuis, il dut, pour parler à son peuple, se voiler la face, tant elle était éblouissante (3). Ainsi en fut-il de notre Bienheureuse. Au sortir de la

---

1) V. 20. — 2) V. 19. — 3) Exod. 34, 29.

prière, elle était tout feu, tout éclat, et la lumière qui l'inondait illuminait sa chair, comme le soleil empourpre les nuages qui l'entourent (1). Sœur Bienvenue vit même un jour un immense globe de feu dont sa face vénérée était toute resplendissante (2).

Quel zèle pour le lieu saint ! Quel respect pour la Communion ! Quoique clouée à son grabat par la maladie, elle se faisait lever et soutenir par quelques appuis, et, une fois assise, elle filait et travaillait, avec une extrême délicatesse, pour des corporaux destinés aux églises du voisinage. « Devait-elle recevoir le Corps de Notre Seigneur ? Elle versait en abondance des larmes brûlantes, et, s'approchant avec crainte, elle ne redoutait pas moins le Dieu caché dans l'Hostie que le Dieu qui gouverne le ciel et la terre (3). »

« Aussi, comme elle se souvenait de Jésus dans ses maladies, elle recevait, à l'heure de l'épreuve, la visite de Jésus. — Une nuit de Noël, alors qu'à l'Enfant-Dieu le monde et les Anges adressent leurs louanges, les Pauvres-Dames se rendent toutes aux Matines, laissant seule leur Mère enchaînée par ses infirmités. « Mon Dieu, soupire-t-elle, me voici seule avec vous ! » Soudain un concert arrive à ses oreilles : c'est celui qui s'exécute à l'église St-François. Voix des Frères qui psalmodient, harmonieux accords des chantres, son des orgues elles-mêmes, rien ne lui échappe ; et pourtant, à la distance où elle est, le doigt de Dieu seul peut lui procurer cette jouissance. Mais, ce qui dépasse toute parole, c'est qu'elle jouit aussi du spectacle intime de l'étable de Bethléem .. Au retour de ses Filles, elle leur dit : « Béni soit N. S. Jésus-Christ ! Vous m'avez quittée, il m'a

---

1) V. 20. — 2) C. P. 36. — 3) V. 28.

tenu compagnie; j'ai même ouï, par sa grâce, tous les chants de l'église St-François (1). »

Et sa dévotion à la Passion du Sauveur, comment vous la peindre ! « Fidèle à pleurer avec Jésus-Christ, ses divines blessures sont pour elle tantôt des sources de myrrhe, tantôt des joies pleines de douceur ; et quand elle s'est énivrée des larmes de Jésus, son amour s'imprime dans son cœur, son souvenir dans sa mémoire. A ses Novices elle apprend à pleurer avec le divin Crucifié ; en même temps, elle leur en donne l'exemple. Souvent, elle n'en a pas encore dit le mot, que déjà elle se répand en larmes. Entre Sexte et None, sa componction s'accroit, et la porte à s'immoler avec le Sauveur. Si bien qu'un jour, à l'heure de None, le démon furieux lui frappe la mâchoire, lui met l'œil en sang, et lui meurtrit la joue. Pour nourrir sans cesse son âme des délices du Crucifix, souvent elle répète l'oraison des Cinq-Plaies, redit l'Office de la Croix, selon l'ordre de son vénéré Père, ce grand amant de la Croix ; elle porte même sans cesse sur elle, avec tant d'autres instruments de supplice, un cordon à treize nœuds, comme mémorial de la Passion (2). »

« Un Jeudi-Saint, au soir, à l'heure de l'agonie du Seigneur, enfermée dans sa pauvre cellule, Claire priait, priait encore avec Jésus, et, comme lui, elle devint triste jusqu'à la mort. Mais, ravie en Dieu, elle dut s'asseoir sur son grabat. Toute la nuit, tout le Vendredi-Saint, elle resta absorbée, transportée. Les yeux fixés sur le même objet, perdue en Jésus-Christ, elle parait insensible. Une Sœur vient voir si elle veut quelque aliment ; elle revient encore. Toujours la même immobilité. Enfin, le vendredi soir, la Sœur allume une lampe, et rappelle à sa Mère que le

---

1) V. 20. — 2) V. 30.

B. François lui a ordonné de ne point passer la journée sans un peu de nourriture. Aussitôt Claire se réveille ; mais, comme si elle revenait de voyage, elle dit ; « Pourquoi cette lampe allumée ? Ne fait-il point jour ? » — « Ah ! ma Mère » répond la Sœur, « toute une nuit s'est écoulée, et toute une journée aussi, et nous voilà bientôt au Samedi-Saint. » — « Béni soit, ma chère fille, ce sommeil que j'ai longtemps désiré et qui vient de m'être accordé ! Mais, prenez bien garde, n'en dites rien, tant que je respirerai (1). »

Que vous dirai-je, mes Sœurs, de la conduite de votre Mère envers le Patriarche d'Assise?

Et d'abord, quelle réserve dans leurs entretiens ! Comme Dieu les avait réunis autour du même berceau, François dut, pendant que tout était à créer, se donner et se prodiguer à elle et à ses Filles (2). La Sainte le reçut alors comme un second Ange gardien, et dès lors, elle ne cessera de s'appeler toujours la «petite plante de saint François (3).» Elle fit de même pour les Frères Mineurs. Mais aussitôt que, dans leur petit nid, elles purent voler de leurs propres ailes, Claire et ses compagnes acceptèrent que le serviteur de Dieu leur fît des visites de plus en plus rares. Les Frères Mineurs n'apparurent aussi que de loin en loin. Les deux communautés se côtoyaient et se soutenaient ; mais chacune se mouvait dans son orbite, toute à Dieu qui était son foyer. Au point que, l'humilité de Claire s'en alarmant, François lui écrivit : «Mes frères et moi, nous aurons toujours de vous un soin particulier et une sollicitude spéciale, comme de nous-mêmes (4). »

---

1) V. 31. — 2) V. 39. — 3) C. P. 43. — 4) II Celano. 262.

Aussi vous parlerai-je assez peu de ce repas qu'aurait offert François à sa Fille et à quelques convives. On dit qu'à peine assis, ils furent inondés de grâce, investis de clarté, ravis en Dieu, élevés dans les airs, rayonnants de lumière, au point qu'Assise et Bettona attribuèrent à un immense incendie ce reflet du feu divin qui les embrasait. Peut-être sera-t-il permis à un artiste de placer cette scène aérienne, cette fête du Paradis, sur une toile immortelle, dans les Galeries du Vatican, près de la *Transfiguration*, de la *Vierge de Foligno*, de la *Dernière communion de saint Jérôme*. Toutefois, comme elle semble être une légende, je n'y vois qu'une chose : l'expression populaire et poétique de la pureté des deux âmes que Dieu avait si bien associées (1).

A côté de cette pureté, quelle soumission de Claire pour la direction de son Père! Après que cinq Missionnaires franciscains eussent été immolés au Maroc en 1220, Claire voulut, elle aussi, arborer la Croix sur la terre africaine et y recueillir la palme du martyre. François s'y opposa. « Sans quitter le cloître, lui dit-il, vous endurerez un martyre non moins utile, plus douloureux et pour nécessaire. » Elle s'inclina humblement (2).

Quand il s'agit d'écrire la Règle de Saint Damien, Claire s'adressa à François. Mais la Providence avait donné pour protecteur à l'Ordre naissant le vénérable Hugolin, Cardinal-Evêque d'Ostie. Le Saint, heureux de s'effacer, se refusa à cet honorable service, et renvoya Claire à son supérieur officiel (3). L'éminent prélat voulut bien tracer une Règle à la Communauté, et sa Règle existe encore (4). Elle est digne, certes, de celui qui devait un jour ceindre la tiare sous le nom de Grégoire IX, et que « Dieu avait planté

---

1) V. 39 à 42. — 2) C. P. 36. — 3) 1217. — 4) Demore, L. 2. c. 3.

comme un cèdre du Liban, dans l'Eden de son Eglise (1) ».
Aussi fut-elle reçue avec action de grâces et fidèlement sui-
vie. Cependant elle dut être modifiée, et cela pour deux
raisons : Son austérité, capable pourtant de rebuter les plus
fervents ascètes, ne suffisait pas aux vaillantes Damianistes
avides de pénitences. Ensuite, eu égard aux dangers de
l'avenir, elle permettait aux Sœurs de posséder en commun, tout en leur interdisant toute propriété personnelle,
ainsi qne le font les Règles religieuses : or, « par une inspiration divine (2), » et aussi par obéissance aux instructions
du Père séraphique, Claire ne voulait pour elle et ses Sœurs
ni la propriété collective ni l'individuelle ; elle voulait, au
contraire, que sa Maison, dépouillée à jamais de tout, fût
réduite au produit si éventuel des aumônes, afin de mieux
glorifier la Providence, copier Jésus-Christ, édifier l'Eglise,
éviter les dangers et les préoccupations des richesses. A la
Règle d'Hugolin, puisée dans saint Benoît, elle désirait
donc qu'on substituât les pures traditions primitives de
saint François. Elle revint à la charge auprès du Saint, le
priant de lui obtenir du Cardinal l'insigne faveur de ne
jamais rien posséder, ni en commun, ni en particulier.
Quelle prière héroïque, mes Frères ! Eh bien ! Dieu l'e-
xauça, comme il l'avait inspirée ; et Hugolin, sacrifiant ses
idées propres, écrivit, sous la dictée de saint François (3),
les yeux pleins de larmes d'attendrissement (4), vers 1224,
la Règle véritable et définitive des Clarisses.

Quel amour Claire n'eut-elle pas pour ce code sacré !
Saint François avait dit : « Dans toute ma Règle, rien qui
« vienne de mon fond : tout ce que j'ai fait écrire, m'a été
« révélé de Dieu (5) ». Or, sauf quelques modifications né-

---

1) Honor. Ep. 5. — 2) Règle ch. 6, nº 2. — 3) C. P. 26. —
4) C. P. 29. — 5) S. Bonav. p. 337.

cessaires, la Règle des Pauvres Dames était celle des Frères Mineurs, ainsi venue du ciel. Voilà pourquoi Claire la saluait, selon les termes du Saint lui-même, comme « le livre « de vie, l'espérance du salut, la moelle de l'Evangile, le « chemin de la perfection, la clef du Paradis, la porte « de la nouvelle alliance (1) ». Des douze chapitres de la Règle, celui qu'elle regardait comme la pierre angulaire de l'édifice, comme le cachet et l'esprit propre de son Ordre, c'était le sixième qui ordonne aux Sœurs « jusqu'à la fin de garder inviolablement la sainte pauvreté, savoir, en n'acceptant ou en n'ayant ni par elles-mêmes, ni par personne interposée, aucune possession ou propriété ou chose quelconque qu'on puisse raisonnablement appeler une propriété, si ce n'est autant de terrain que la nécessité l'exige pour l'honnête entretien et le renouvellement du monastère (2) ». Tel est, mes Sœurs, votre citadelle, votre arsenal, votre rempart inexpugnable (3).

---

1) II Celano p. 263. — 2) No 6.

3) Pour démolir ce rempart, Satan fait mille efforts trop souvent couronnés de succès. C'est ainsi que les malheurs des temps ont imposé aux Clarisses françaises deux modifications à cet article et au chap. 8 qui en est le développement.

1o La loi civile ne reconnaissant plus le vœu solennel de pauvreté, qui rend illicites et invalides les actes de propriété, l'Eglise a dû, pour éviter les conflits, le supprimer jusqu'à des temps meilleurs : ce qui oblige les Clarisses à être propriétaires de leurs immeubles, et assimile en cela leur Ordre antique aux Congrégations à vœux simples.

2o La tourmente révolutionnaire de 93 a enlevé à l'Eglise les monastères des Clarisses et les biens-fonds affectés aux Prêtres attachés à leurs Maisons ; et les lois nouvelles leur ont, en outre, imposé d'écrasantes contributions, tout autant d'épreuves que sainte Claire ne pouvait supposer. De là pour ses Filles la nécessité de recevoir l'aumône, d'abord pour leur pain quotidien, puisque leur Règle ne leur permet pas d'avoir pour elles-mêmes le moindre revenu ; puis, pour rebâtir leurs monastères, solder

Aussi combien, après cet immense service, Claire se montra reconnaissante ! Quand François, stigmatisé, eut reçu d'un Séraphin la décoration la plus noble que Jésus-Christ puisse donner à l'un de ses soldats, comme elle en bénit le Seigneur ! Mais le Saint portant dans son corps la crucifiante représentation du supplice de la Croix, comme elle s'appliqua à lui adoucir ses douleurs d'ailleurs si précieuses (1) ! Et quand, le 3 octobre 1226, sa mort vint frapper de deuil toute son innombrable famille, qui dira les larmes de sa grande orpheline ! Comme elle éclata en lamentations ! Comme elle tint à ce que les saintes dépouilles fussent déposées quelque temps à St-Damien ! Comme elle les vénéra, et comme elle eût aimé détacher un des clous qui formaient les Stigmates (2) ! Nous la verrons, d'ailleurs, jusqu'à la mort, fidèle au pur esprit de son Père séraphique, ce grand Patriarche que l'Eglise, éclairée dans sa liturgie comme dans ses dogmes, a placé. avec saint Benoît et saint Dominique, à la tête de tous les Fondateurs d'Ordres monastiques. (3)

Plus Claire vénérait le grand Patriarche, plus, à son instar, elle aimait les âmes qui lui étaient confiées.

---

leurs énormes impôts et payer l'honoraire de leurs Confesseurs et Chapelains. Dans ces conjonctures, leur position financière actuelle est beaucoup plus difficile que ne le suppose leur Règle déjà si sévère : ce qui les autorise à posséder, quand Dieu les leur procure, quelques modestes réserves, non pour elles-mêmes, chose absolument interdite, mais pour les besoins nouveaux et inopinés. Espérons-le bien, *les portes de l'enfer* n'arriveront pas à prévaloir contre elles, pas plus que contre l'Eglise.

1) C. P. 33. — 2) C. P. 33, 34.

3) Seuls, parmi tous les Fondateurs d'Ordres, ces trois Saints ont, dans le calendrier universel, une fête double *majeure*, et saint François d'Assise a la prééminence sur ses deux collègues par la fête de ses Stigmates.

Elle prodigua donc tous ses soins à son monastère, se regardant comme l'institutrice des filles d'un grand roi (1).

Et d'abord elle y fit régner la sainte passion de la solitude et du silence. Oui, avant qu'une plume que l'on croit franciscaine (2) eût intitulé les deux plus beaux chapitres de l'*Imitation*, l'un : *De l'amour du silence et de la solitude* (3), l'autre : *De l'amitié familière avec Jésus*, Claire, « avare de paroles, resserrait sa pensée dans les limites du langage le plus concis, et, bien plus, elle savait que toute agitation doit être chassée de l'esprit, pour qu'il puisse s'entretenir avec Dieu seul et ses mystères (4). Ce qu'elle recommandait ensuite, c'était de combattre l'affection déréglée des parents, de soumettre la chair au joug de la raison, de consacrer certaines heures au travail des mains, de se défier des pièges de l'ennemi, autres, disait-elle, pour les saints, autres pour les mondains (5). »

« Elle ménageait à ses Religieuses, par de pieuses prédications, l'aliment de la parole de Dieu dont elle prenait elle-même sa large part. Telle était sa joie d'entendre la prédication, tel son bonheur de se rappeler son Jésus, qu'un jour, durant un sermon du P. Philippe, le Sauveur se plaça auprès d'elle, sous la figure d'un très bel enfant, et, pendant une grande partie de l'entretien, lui témoigna son contentement. Sans être lettrée, elle aimait un beau sermon, persuadée que, sous la cosse des mots, se trouve un fruit précieux qu'elle savait prendre et goûter. Quel que fût le discours, elle en tirait profit, sachant qu'il n'y a pas moins de sagesse à cueillir des fleurs sous un buisson d'é-

---

1) V. 36. — 2) Si l'on a succesivement regardé comme l'auteur de l'*Imitation* Thomas à Kempis, Gerson, Thauler et Gersen, aujourd'hui c'est à saint Antoine de Padoue que plusieurs en attribuent la paternité. *Univers*, 16 août 1894. — 3) L. 1, c. 20. — 4) V. 36. — 5) V. 76.

pines, que des fruits sous un arbre majestueux. Quand Grégoire IX défendit aux Frères Mineurs de prêcher sans sa permission aux Pauvres-Dames, elle dit : « Qu'on nous « enlève tons nos Frères aumôniers, puisqu'on a écarté « ceux qui nous donnent le pain de vie. » Et elle renvoie tous les Frères au Père supérieur, ne voulant pas avoir ceux du pain temporel sans ceux du pain spirituel. A cette nouvelle, le Saint-Père retira sa défense (1). »

« Non contente d'aimer les âmes, la sainte Abbesse rendait admirablement aux pauvres corps de ses Filles les services de la charité. Souvent, les nuits d'hiver, elle couvre elle-même celles qui reposent ; et, si elle en voit qui ne puissent suivre la vie commune dans toute sa rigueur, elle exige que ces Sœurs se contentent d'une observance plus modérée. Que l'épreuve vienne à troubler une Sœur, que la tristesse la saisisse, elle l'appelle en secret, et la console au prix de ses larmes ; et parfois, prosternée à ses pieds, elle lui fait de maternelles careses. En retour, les Religieuses, pleines de reconnaissance, aiment dans Claire une Mère, honorent une Supérieure, suivent un guide et une directrice, et admirent l'Epouse de Dieu couronnée de sainteté (2).

Disons-le cependant, jamais Claire ne mérita davantage de ses Sœurs ni de l'Eglise que durant la lutte qu'elle soutint, elle seule, pour la pauvreté séraphique. Dès que saint François eut disparu, un certain nombre de ses Frères crurent que sa rigoureuse pauvreté ne devait pas être une institution permanente. « Ne nous suffira-t-il pas, disaient-ils, de pratiquer la pauvreté, comme elle se pratique dans

---

1) V. 37. — V. 29.

les anciens Ordres ? Ne leur a-t-elle pas donné une multitude de Saints ? Notre Père n'a obéi qu'à une inspiration momentanée. » D'autres, au contraire, regardaient leur Ordre comme la chevalerie et la garde d'honneur de celle que saint François avait appelée « la veuve du Christ », « sa fiancée et sa dame » : la pauvreté absolue.

Tant que la fermentation et le conflit se centralisèrent chez les Frères Mineurs, Claire se tint humblement à l'écart, se bornant à prémunir ses Filles. Mais les idées nouvelles frappèrent bientôt à la porte de St-Damien : les novateurs, humiliés de voir des femmes et des femmes cloîtrées porter le joug qu'ils secouaient, s'efforcèrent de les entraîner dans le mouvement. Alors notre Abbesse s'opposa, comme un mur d'airain, à un relâchement quelconque.

Quand Grégoire IX, l'ancien Cardinal Hugolin, vint à Assise pour la canonisation de saint François, il lui fit visite. Et comme l'avenir du petit couvent continuait à l'inquiéter, en prévision des jours mauvais qui l'attendaient, le Pape presque centenaire conseilla à notre Sainte de ne pas refuser quelques propriétés qu'il était prêt à lui offrir libéralement. Claire le supplia de ne pas insister. « Si ce sont vos vœux qui vous arrêtent, reprit le Pape, je vous en dispenserai. » — « Non, Saint-Père, répliqua Claire, je ne désire point être dispensée de suivre à jamais Jésus-Christ le plus près possible (1). »

Et pendant les longues années qui vinrent ensuite, car elle survécut vingt-sept ans à saint François, Claire employa sa force et son énergie, trait distinctif de sa grande âme, à garder fidèlement la pensée et la Règle du Saint. En la sauvant, elle avait sauvé l'avenir, car, dit saint Bonaven-

---

1) V. 14.

ture : « Il faut s'offrir nu aux bras nus du crucifix, si l'on veut entrer dans les puissances du Seigneur (1) ».

Triomphez donc, ô mon Jésus, triomphez dans votre Servante. Son petit couvent caché dans un pli des Apennins, montrez-le avec fierté à vos Anges fidèles, aux démons terrassés, aux hommes stupéfaits, à tous les siècles à venir. Dites-leur, comme autrefois du patriarche de l'Idumée : « Avez-vous considéré ma Servante? Dans un siècle comme le sien, que l'on appellera l'âge d'or de mon Eglise, a-t-elle son égale (2)? » Hélas ! devant la sienne, notre vertu disparaît comme la lueur du ver luisant devant l'éclat du jour ! Or, ô divin Jésus, vous l'avez promis, celui qui vous aura servi, votre Père l'honorera. Aidez-nous donc à connaître les gloires de Claire, comme vous nous avez découvert ses mérites.

---

1) S. Bon. p. 250. — 2) Job. 1, 8.

II

Bien que le Saint-Siège lui eût conservé ses Etats héréditaires, l'empereur Frédéric II, prince instruit et puissant, mais impie, ambitieux, immoral et à moitié musulman, ne cessa presque de faire la guerre à l'Eglise, pendant un règne qui se prolongea de 1220 à 1250. Il soutint du poids de sa parole les accusations perfides des Vaudois et des Albigeois ; il s'efforça de dépouiller la Papauté de toute puissance temporelle ; il poursuivit aussi le rêve insensé de fonder une Eglise nationale placée sous son sceptre impérial. Qu'il eût réussi dans ses desseins, et peut-être l'Europe eût été jetée, trois siècles plus tôt, dans le schisme douloureux qui se produira plus tard à la voix de Luther.

Ce qui arrêta ce monarque orgueilleux, ce furent, pour une très large part, les Ordres Mendiants fondés par saint François et saint Dominique, et spécialement les Tertiaires. « Ce fut en grande partie au Père des pauvres d'Assise, que l'Europe dut alors la conservation de ses biens », dit Léon XIII dans son Encyclique du 17 septembre 1882. Frères Mineurs et Frères Prêcheurs s'unirent pour rendre à la Chrétienté les services les plus éminents et dont l'étendue nous échappe (1).

---

1) *Machiavel.* 3ᵉ liv. des Disc. c. i. — *Cantù.* La Réform. en Ital. c. i, p. 267.

Pendant que ses Frères combattaient le bon combat, quelle était l'occupation de notre Abbesse ? Et quelle part lui revient-il des grandes victoires de cette incomparable époque où de nouveaux Machabées écrasaient les ennemis de Dieu, pendant que la science catholique élevait le plus beau monument de foi et de génie dont l'histoire présente le spectacle ?

Il est ici-bas une puissance supérieure aux ressources humaines placées sous nos mains, une puissance qui l'emporte sur les armes les plus vaillantes, une puissance plus grande que la science, une puissance à laquelle la prédication elle-même doit souvent ses victoires et ses conquêtes. C'est cette puissance qu'employèrent, « revêtues de cilices jusqu'à la ceinture (1) », « étendant leurs mains et leurs bras vers le ciel », les filles de Jérusalem, alors que Dieu vint frapper l'impie Héliodore. C'est cette puissance dont saintFrançois de Sales disait avec tant de grâce et de vérité : « Si vous « désirez prêcher avec moi, je vous en prie, faites-le, ma « Fille, toujours priant Dieu qu'il me donne des paroles se-« lon son cœur et selon vos souhaits. Combien de fois « arrive-t-il que nous disons de bonnes choses parce que « quelque bonne âme nous les impètre ! Ne prêche-t-elle pas « assez et avec cet avantage, que, n'en sachant rien, elle « ne s'en enfle point ? Nous ressemblons aux orgues, où celui « qui met en jeu les soufflets fait en vérité le tout, et n'en a « point la louange (2). »

Cette puissance, c'est la Sagesse, « la première puissance du monde », nous dit le Seigneur (3). Et cette Sagesse, c'est un triple apostolat. C'est l'apostolat de l'exemple d'abord, et surtout de l'exemple du dépouillement, puisque la

---

1) 2 Mach. 3, 19. — 2) Lettre 119, T. 12, p.198. — 3) Sap. 10, 12.

cupidité est la racine de tous les maux (1). Puis, c'est l'apostolat de la prière et de la prière de beaucoup réunis au nom de Jésus-Christ. Enfin, c'est celui de la pénitence qui couronne tous les autres, et à qui rien ne saurait résister.

Eh bien ! ce fut l'apostolat et ce fut le combat de Claire au milieu des gloires du treizième siècle. En attendant que le Ciel nous découvre le tissu de ses œuvres et toute la portée de son action, écoutons le vénérable Historien qui en fut le témoin si clairvoyant et le peintre si fidèle.

«Bientôt, dit-il, la Sainte rayonna sur les contrées voisines, et de toutes parts les femmes coururent à l'odeur de ses vertus. A son exemple, la vierge apprend à se respecter ; la femme mariée s'efforce d'être plus pure ; les nobles et les grands méprisent leurs palais, se construisent d'étroits monastères, et placent leur gloire à vivre pour le Christ sous la cendre et le cilice. Grâce aux exemples du sexe faible, la jeunesse se sent excitée à soutenir les combats qui ne souillent point, et à mépriser les plaisirs de la chair. Parmi les personnes mariées, plusieurs entrent d'un commun accord, les hommes dans les ordres sacrés, les femmes dans des monastères. Prendre Jésus-Christ pour Epoux, voilà ce que la mère dit à sa fille, la sœur à sa sœur, la tante à sa nièce. Tous luttent entre eux pour mieux servir le Christ, tous aspirent à la vie angélique qui brille en Claire. D'innombrables Vierges ne pouvant entrer dans le cloître, en suivent la règle sous le toit paternel. Si abondantes sont les semences de salut jetées par Claire, qu'on voit s'accomplir la prophétie : « Réjouissez-vous, stérile qui n'enfantiez point .. : celle qui était délaissée a plus d'enfants que celle qui a un époux (2). »

---

1) 1 Tim. 6, 10. — 2) Gal. 4, 27. — V. 10.

Dans ce treizième siècle affamé de vertus, innombrables furent ceux qui se dirent, à la vue de Claire, ce qu'autrefois s'était dit Augustin : « Pourquoi ne pourrai-je pas ce qu'ont pu ceux-ci et celles-là (1) ? »

Aussi, continue notre Auteur, « pour que cette source de bénédiction qui coule de la vallée de Spolète ne restât point enfermée dans de si étroites limites, la Providence voulut qu'elle fût un fleuve destiné à réjouir toute la cité de Dieu. La nouvelle de si grandes choses se repandit au long et au large dans l'univers entier, pour gagner partout des âmes à Jésus-Christ. Du fond de son cloître, Claire jette de l'éclat dans le monde entier, et ses titres de gloire la rendent resplendissante. Demeures des dames illustres, palais des duchesses, séjour des reines elles-mêmes, sa renommée remplit tous les lieux. La plus haute Noblesse s'applique à marcher sur ses traces, et, oublieuse du premier rang, elle embrasse la sainte humilité ! Plusieurs, dignes de s'allier aux ducs et aux rois, à l'appel de Claire, se réduisent à une dure pénitence, et renoncent à donner leurs mains aux puissants, afin de la suivre dans sa vie si modeste. Des monastères s'élèvent dans d'innombrables cités ; les campagnes, les montagnes elles-mêmes s'embellissent de ces célestes édifices. On se dispute dans le monde l'honneur de la chasteté, et, grâce à Claire, l'Ordre des Vierges renaît et refleurit dans le siècle. De ces belles fleurs dont elle fut la racine, l'Eglise s'embellit et se réjouit, cette Eglise qui nous dit : « Soutenez-moi avec des fleurs, fortifiez-moi avec des fruits, car je languis d'amour (2). »

A ces traits, vous les avez reconnues, très honorées Sœurs, ces nobles chevalières du Christ qui s'enrôlèrent si volontiers sous l'étendard de votre première Abbesse, en Italie,

---

1) Conf. L. 8, c. 11. — 2) Cantic. Cant. 2, 5. — V. 11.

en Espagne, en Allemagne, en Bohême, en Flandre, en
Pologne, et jusque dans le Nord de l'Europe, sans oublier
la France, cette terre classique de la générosité. Vous les
avez saluées, cette Bienheureuse Agnès de Barcelone et sa
nièce, conduites par la main de Dieu sur les côtes de l'Espagne, comme autrefois Marthe et Marie sur celles de la
Provence ; cette Isabelle de France, fille de sainte Blanche
de Castille et sœur de saint Louis, qui refusa de s'allier à
l'héritier impérial, pour fonder, près de Paris, l'illustre monastère de Longchamps ; enfin cette Bienheureuse Agnès,
fille du roi de Bohême, qui déclina l'alliance de l'empereur
lui-même réduit à s'écrier : « Si elle m'avait laissé pour un
mortel, j'en aurais tiré vengeance, mais je ne puis trouver
mauvais qu'elle me préfère le Roi du ciel (1). » Et cette
illustre Ermentrude, qui établit à Burges tout un rucher de
Clarisses, dont les essaims fécondèrent la Belgique et
l'Angleterre, n'est-ce pas à votre Mère qu'elle dut, elle aussi,
tant de gloire et de bonheur (2) ? »

Non contente de provoquer de telles vocations, Claire les
cultive du fond de son cloître. C'est ainsi que, dans l'une
de ses lettres immortelles à la B. Agnès de Bohême, elle
lui dit : « Il est donc vrai que, foulant aux pieds les honneurs
les plus éclatants, la gloire la plus enviée du monde, le
trône même du très-auguste César, à qui vous auriez pu
vous allier, comme il convenait à votre Majesté et à la sienne,
vous avez embrassé de toute l'affection de votre âme
et d'un plein désir la sainte pauvreté, la mortification de la
chair et l'humiliation de notre divin Sauveur, que vous
avez à jamais choisi pour votre Epoux. Ayez confiance : il
vous conservera intact par sa grâce le précieux trésor de
votre belle virginité... Sa puissance surpasse tout pouvoir,

---

1) M. 1, s. Bohem. — 2) Demore. L. 2, c. 12.

ses amabilités l'emportent sur tout ce qu'il y a de plus aimable ; sa beauté éclipse tout ce qu'il y a de plus beau ; son amour comble tous les désirs, et vaut mieux que toutes les délices (1). »

Avoir ainsi par son exemple ébranlé le monde et renouvelé la face de la terre, c'est la première gloire de notre Sainte. Est-ce la seule ? Loin de là ! L'Ecriture le dit : « Un abîme appelle un autre abîme (2). » Après avoir placé autour de Claire les gloires les plus pures de l'époque, l'environnant comme les feuilles d'une rose dont elle est le centre, Dieu va donner à chacune de ses grandes vertus une couronne spéciale, correspondant à son caractère.

Nous l'avons vu, Claire fut un abîme d'humilité. — En retour, Dieu fit de ses lèvres l'oracle de son temps. Saint Bonaventure lui-même l'affirme (3), ce fut sur sa parole aussi bien que sur l'avis du vénérable prêtre Sylvestre, que saint François d'Assise se décida, non à la vie solitaire, mais à la prédication, et que ce héraut de Jésus-Christ sortit de sa solitude pour prêcher l'Evangile (4). C'était auprès d'elle que, non seulement les Evêques, mais encore les Cardinaux venaient souvent prendre leurs inspirations. Hugolin, le savant auteur des *Décrétales*, la consulta plusieurs fois, comme Moïse consultait le Propitiatoire. Enfin, elle vit les Papes eux-mêmes daigner la visiter et l'écouter, comme l'oracle du Saint-Esprit (5).

Dans une de ses visites, Claire avait fait placer des pains sur les tables, dans l'espoir que le Pape voudrait bien les bénir avant son départ, et qu'elle conserverait ensuite les

----

1) Demore. L. 2, c. 14. — 2) Ps. 41, 8. — 3) Vita S. Franç. c. 12. — 4) C. P. 32. — 5) V. 43.

objets si richement sanctifiés. Après l'entretien, Claire se jette aux pieds du Pape, pour le prier de vouloir bien venir au réfectoire donner sa bénédiction. Quand le Saint-Père vit de si pauvres tables, il dit à Claire : « Non, ma très chère fille, nous voulons que vous bénissiez vous-même ces pains, et que vous traciez sur eux la Croix de Jésus-Christ, à qui vous vous offrez toute entière en si agréable sacrifice. » — « Très Saint-Père, répondit l'humble Abbesse, excusez-moi. Je serais pas trop répréhensible, si, devant le Vicaire du Christ, moi, misérable femme, j'osais donner une telle bénédiction. » — « De peur que vous n'attribuiez cela à la présomption, et pour que vous en ayez le mérite, repartit le Pape, nous vous ordonnons par la sainte obéissance de faire le signe de la Croix sur ces pains, et de les bénir au nom du Seigneur. » En fille de l'obéissance, Claire, traçant sur les pains le signe de la croix, les bénit très dévotement. O prodige ! aussitôt, sur tous les pains, s'imprima une fort belle Croix. Plusieurs de ces pains furent mangés comme de précieuses eulogies : les autres, conservés comme autant de reliques. Le Pape, ravi d'admiration, remercia le Seigneur, et donna à la B. Claire la plus consolante bénédiction (1). »

Claire renouvela dans sa pauvreté ce que saint François de Sales admire chez les alcyons, ces oiseaux qui confient leurs nids à la mer, « l'ancre jetée du côté d'en haut, et non du côté d'en bas, pour les affermir contre les vagues (2). » Aussi combien Dieu l'assista visiblement ! Voyez plutôt.

« Un jour, c'était l'heure du dîner, et il n'y avait plus qu'un pain dans le monastère. La Sainte appelle l'econome et lui dit : « Partagez le pain en deux, moitié pour les Frères, moitié pour nous ; de cette moitié, faites cinquante

---

1) V. 43, 44, 45. — 2) Lettre 101. T. 10, 315.

parts, autant qu'il a de Sœurs, et portez-les sur la table. »
— « Il faudra donc, ma Mère, dit l'économe, que Dieu renouvelle ses miracles d'autrefois. » — « Soyez tranquille, ma Fille, et faites ce que je vous dis.» L'humble Fille obéit, pendant que la vénérée Mère poussait de pieux soupirs vers son Christ bien-aimé. Et voilà que, dans la main de la dépensière, les parcelles de pain deviennent de gros morceaux, dont chaque Sœur peut se rassasier (1). »

Un autre jour, c'est l'huile qui fait défaut. Il n'en reste pas une goutte, même pour les infirmes. Claire prend un petit vase, le lave de ses mains, et le place à part pour que le Frère aumônier procure un peu d'huile. Le Frère se hâte, touché de la pénurie des Sœurs, et le vase se trouve rempli : « Vraiment, dit le bon Frère, en murmurant, ces femmes se moquent de moi ; leur vase est tout plein (2). »

Claire est l'Abbesse pleine de sollicitude pour les âmes et les corps. Aussi Dieu l'assiste visiblement ; et quand la Sœur André de Ferrare force, mal à propos, la Providence à faire un miracle pour la guérir, la sainte Abbesse, éclairée d'en haut, lui révèle sa coupable témérité et lui obtient sa guérison, tout en lui annonçant l'infirmité à laquelle elle devra succomber (3).

Claire est la grande amante de la Passion. Mais, de son côté, Dieu met à son service toute la puissance de la Croix. Que le Frère Etienne tombé dans la démence lui soit adressé par saint François lui-même ; qu'un petit enfant mette par une imprudence sa vie en danger ; qu'un autre ait sur l'œil une taie impénétrable à la lumière ; qu'une de ses Sœurs nourrisse, depuis douze ans, un ulcère qui lui ouvre sous le bras de pénibles suppurations ; qu'une autre soit atteinte depuis treize mois d'une hydropisie sur laquelle se greffent

---

1) V. 15. — 2) V. 16. — 3) V. 67.

une fièvre, une toux et une douleur de côté insupportables ;
qu'une femme lui arrive avec une extinction de voix enra-
cinée depuis deux ans ; qu'une Sœur, devenue sourde, ait
vainement épuisé toutes les ressources de l'art ; peu importe, d'un signe de croix, l'Abbese de St-Damien guérit
toutes ces maladies et les guérit radicalement (1). Que dis-
je ? Un jour qu'elle se rend à l'infirmerie, où sont plusieurs
malades, cinq fois elle fait le signe de la croix, et cinq fois
elle obtient une guérison (2). Son pouvoir de thaumaturge
passa même à Hortulane, à Agnès et à beaucoup d'autres
Sœurs. Souvent saint François leur envoyait des malades
à guérir, et tous ceux sur qui elles faisaient le signe de la
croix s'en allaient guéris (3).

Claire offrait jour et nuit l'encens de sa prière au Dieu du
Tabernacle. Parmi les faveurs qu'elle en recueillit, pour elle
et l'Eglise, il en est une qui est gravée sur le granit à l'entrée de ce sanctuaire. En lutte contre Grégoire IX, Frédéric II appelle à son secours une multitude de Sarrasins,
« serrés comme des essaims d'abeilles », et les charge d'é-
craser la vallée de Spolète, trop fidèle au Saint-Siège. Les
farouches disciples du Coran arrivent à Assise ; ils s'y
répandent comme un torrent furieux, et de là ils courent
escalader les murs de St-Damien, ivres de sang, ivres
surtout de débauche. Que vont devenir les Epouses du
Christ ? Elles accourent tremblantes, auprès de leur Mère.
« Ne craignez point, dit Claire. » Puis elle se fait conduire à
la porte du monastère, à deux pas de l'ennemi, mais pré-
cédée du coffret d'argent auquel était enchassée la boîte
d'ivoire renfermant l'Eucharistie (4). Là, prosternée devant
son Dieu, les yeux pleins de larmes, elle s'écrie : « Vous

---

1) V. n° 32 à 35. — C. P. 51. — 2) V. 35. — 3) V. 45. —
4) V. 21.

« plairait-il, ô mon Maître, que vos servantes que j'ai
« nourries du lait de votre amour, fussent livrées, sans
« défense aux mains de ces païens ? Gardez, je vous prie,
« Seigneur, vos servantes fidèles et que je ne puis défendre
« moi-même. » Aussitôt du propitiatoire eucharistique sort
une voix argentine, comme celle d'un enfant. Elle répond :
« Je vous garderai toujours, *Ego vos semper custodiam*. »
Paroles bien douces pour les Clarisses ! « Seigneur, pour-
suit notre Sainte, daignez prendre encore sous votre protection cette ville qui nous sustente pour l'amour de vous. »
— « Cette ville souffrira beaucoup, il est vrai, dit encore le
Seigneur, mais elle sera défendue par ma protection et par
vos prières. » Levant alors la tête, Claire voit ses Sœurs en
larmes : « Je vous le promets, mes Filles bien-aimées, vous
ne souffrirez aucun mal ; seulement ayez confiance en Jésus-
Christ. » A ces mots, les ennemis, chiens sans pudeur,
sentent leur audace réprimée, ils gagnent les murs, et s'y
précipitent en toute hâte. « Prenez garde, dit-elle alors à
ses Filles, de ne rien publier de cette merveille, tant que je
vivrai (1). »

Est-ce tout ? Non. Furieux de sa défaite, Frédéric envoie
contre Assise Vital Aversa, un second Holopherne, affamé
de gloire et de vengeance. Les campagnes sont ravagées,
les abords de la ville dévastés, les murs assiégés, les com-
munications fermées. Les alarmes et la terreur glacent tous
les courages : Assise va donc succomber. Mais notre Judith
prend la parole. « De cette ville, dit-elle à ses Filles, nous
recevons chaque jour beaucoup de secours ; bien coupables
serions-nous, de ne pas la secourir de notre mieux dans
cette extrémité. Et elle se couvre la tête de cendres, elle
en couvre ses Sœurs. « Conjurez Jésus-Christ, leur dit-elle

---

1) V. 22.

ensuite, de délivrer enfin nos concitoyens. » « Quelle nuit !
s'écrie l'Historien. Comme les Pauvres-Dames font un fais-
ceau de leurs prières, de leurs soupirs et larmes ! » Aussi,
elles touchent ce Dieu qui avait si vite eu raison des cent
quatre-vingt-cinq mille soldats de Sennachérib (1). Le matin
venu, Aversa voit ses bataillons dissipés comme de la
poussière : peu après, il périt lui-même misérablement.
Quand à Frédéric II, excommunié, il fut déposé par Innocent II au Concile de Lyon.

C'était le 22 juin 1234 que Claire avait ainsi sauvé Assise
pour la seconde fois. De tels services sont inoubliables.
Aujourd'hui encore, le 22 juin, le Clergé, les Magistrats, et
les Confréries d'Assise, fidèles à un vœu des ancêtres, se
rendent en procession à St-Damien pour assister à une
Messe solennelle d'action de grâces (2). Mais la grande
victoire de Claire, est celle qu'elle va emporter, sur son lit
de mort, en faveur de son héroïque pauvreté.

Après quarante années de vie religieuse, dont vingt-huit
accompagnées d'une cruelle infirmité, Claire approchait
du terme de ses combats. «Elle allait briser, aux pieds du
Seigneur, l'albâtre de son corps. » Tant qu'Innocent IV
continua de séjourner à Lyon, Dieu suspendit le coup fatal,
afin que, comme il fut dit à une Bénédictine du Couvent de
St-Paul, le Pape pût arriver auprès de la Sainte (3). Le Saint-
Père quitta Lyon, le 19 avril 1251, laissant aux Lyonnais le
titre « d'enfants particuliers de l'Eglise (4), » et vint se
fixer à Pérouse, avec sa Cour. Auprès de Sa Sainteté était
Raynald, Cardinal-Evêque d'Ostie et de Velletri, digne

---

1) 4 Reg. 19, 35. — 2) Demore L. 3, c. 2. — 3) V. 47. -
4) Rohrbach. L. 74.

neveu du grand Hugolin, et destiné un jour à illustrer le trône pontifical, sous le nom d'Alexandre IV.

Raynald avait accepté la noble tâche de protéger l'Ordre de St-François, et hérité des sentiments de son Oncle pour la sainte Abbesse, dont il fut le père, le nourricier, l'ami (1). A l'approche du 8 septembre 1252, Nativité de la Vierge, il vint à Assise. Claire s'affaiblissait de plus en plus : il lui donna le saint Viatique.

Merveilleusement reconfortée par le Pain de Vie, la Sainte voulut mettre la clef de voûte à l'édifice de son Institut. Elle pria donc le Cardinal de lui obtenir la confirmation de la seule grâce qu'elle demandât au Saint-Siège : ne pouvoir rien posséder, ni individuellement, ni collectivement, ni elle, ni ses Sœurs, à tout jamais. Raynald lui promit de solliciter ce privilège si désiré. De fait, il l'obtint de vive voix d'Innocent IV, et s'empressa de le notifier à la vénérable Abbesse, le 16 octobre, par une Lettre officielle.

C'était beaucoup que cette Lettre pour St-Damien. Mais, dans sa prudence, Claire désirait une Bulle expresse, générale, solennelle et définitive en faveur de la Pauvreté séraphique.

Elle en était là quand, vers le milieu de 1253, lui survint une faiblesse extraordinaire, triste avant-courrière du trépas. A cette nouvelle, Innocent IV s'empresse de faire visite à la servante Dieu, qui, le matin, avait eu le bonheur de communier. Arrivé au couvent, il va droit à son lit, et lui donne sa main à baiser. Claire sollicite le bonheur de vénérer le pied du Saint-Père, et se penche pour le couvrir de baisers dessus et dessous (2). Elle demande immédiatela rémission de tous ses péchés. « Plaise à Dieu, dit Innocent, que j'aie besoin du même pardon ! » — « Quelle journée !

---

1) V. 47. — 2) V. 48.

s'écria la Sainte au départ du Pape. Louez le Seigneur, mes chères Filles. Tel est le bienfait que le Christ m'a accordé aujourd'hui, que le ciel et la terre sont insuffisants pour l'en remercier : j'ai reçu mon Dieu, et j'ai vu son Vicaire (1) ! »

Pour laisser à ses Filles tout ce qu'a de sacré la parole d'une mère expirante, et pour imiter notre Seigneur et saint François à l'approche de leur dernière heure, Claire composa elle-même pour ses Filles un *Testament spirituel* que vous aimez à lire et à relire, mes Sœurs, et qui, d'un bout à l'autre, est un chef-d'œuvre digne de la plus filiale vénération (2).

« Cependant les Pauvres-Dames oubliaient tout repos et toute nourriture pour assister sans cesse leur Mère vénérée. Au milieu d'elles, Claire vit sa chère sœur Agnès, Abbesse de Florence. Cette Bienheureuse conjure notre Sainte de ne pas l'abandonner un moment. Claire répond : « Cesse de pleurer, tu me suivras de près, et, en attendant, tu goûteras une grande consolation. » Trois mois après, les deux prophéties étaient réalisées (3).

Chaque jour, Cardinaux et Prélats se succédaient auprès de Claire. Chose admirable ! Après être restée dix-sept jours sans goûter d'aucun aliment, la Sainte avait la force de les entretenir et de les exhorter. Et comme le Cardinal Raynald l'encourageait à supporter avec patience son long martyre : « Depuis que j'ai connu mon Seigneur Jésus-Christ par son serviteur François, répondit-elle, jamais je n'ai trouvé ni peine importune, ni pénitence pénible, ni infirmité douloureuse (4). » Paroles où resplendit cet esprit de pénitence qui est, avec la pauvreté, le trésor de la Clarisse.

---

1) V. 49. — 2) C. P. 40 à 46. — 3) V. 49. — 4) V. 50.

Si Dieu prolongeait cette douloureuse agonie, c'était pour ménager à Claire une ineffable consolation.

A la suite de la visite d'Innocent IV, la vénérable Abbesse envoya au Pape une supplique le conjurant de lui accorder, avant sa mort, la Bulle qu'elle désirait au sujet de la Pauvreté. Le Très-Haut ne pouvait résister plus longtemps. Il inspira donc à son Vicaire de confirmer la Règle des Clarisses. Le Pape le fit dès le 9 août 1253, par la Bulle *Solet annuere*. En vertu de cette Constitution solennelle et infaillible, mes Sœurs, le Saint-Père, premier supérieur de tous les Instituts religieux (1), déclare approuver de son autorité et rendre inviolable sous sa protection votre sainte Règle, selon laquelle vous vivez, dit-il, « dans la pratique de la *très haute Pauvreté* que vous a enseignée saint François et que vous avez adoptée librement vous-mêmes. » C'est donc le sceau du Christ mis à l'œuvre de Claire, en attendant qu'elle soit cimentée et couronnée par sept siècles de gloire et de fécondité, comme elle l'est aujourd'hui.

En route pour Chanaan, Jacob lutta toute une nuit contre son Ange gardien, et, l'ayant reconnu à l'aurore, il lui dit : « Ne me quittez pas que vous ne m'ayez béni ! » — « Quel est ton nom ? » dit l'Ange. — « Jacob », répond le Patriarche. — « Non, » reprend l'Ange : « tu t'appelleras Israël : si tu as été fort contre Dieu, ne le seras-tu pas davantage contre les hommes (2) ? »

Et vous aussi, ô Claire, vous avez soutenu, pour la sainte Pauvreté, contre l'Ange de l'Eglise universelle, une lutte où l'on ne sait qu'admirer davantage de votre céleste énergie ou de sa prudence paternelle. Et vous aussi, vous

---

1) Votum obedientiæ religiosæ respicit summum Pontificem tanquam supremum prælatum uniuscujusque religionis. (*Suarez De stat. rel.* L. 10, c. 11. — 2) Gen. 32, 26.

avez été forte contre Dieu, en obtenant un privilège inouï et unique dans les annales de l'Eglise. En vous l'accordant, le Pape vous assure d'autres triomphes. Forte contre Dieu, vous le serez contre les hommes ; et invincibles comme vous seront celles qui vous suivront au combat. Honneur à vous ! L'Ombrie, votre patrie, a inventé la bannière (1), la bannière dont on a dit : « Elle est, dans le domaine de la peinture religieuse, ce qu'est l'hymne dans celui de la poésie. » Et vous, vous y avez inauguré et institué la Pauvreté volontaire illimitée, cette Pauvreté qui est à la Pauvreté monastique ordinaire ce que le sublime est au beau, ce que l'héroïsme est à la vaillance, ce que le sang royal est à la noblesse. Honneur, encore une fois, à vous, ô Vierge ombrienne, ô incomparable Claire !

En laissant sa maison bâtie sur le roc de la Pauvreté la plus sublime, Claire avait bien combattu, achevé sa course, gardé la foi ; il ne lui restait plus qu'à recevoir la couronne de justice (2). Mais ne fallait-il pas qu'on vit combien on s'aime et comment on meurt dans le cloître ? C'est ce que ses derniers instants vont nous révéler. « Au moment où elle sentit approcher la visite du Seigneur, reprend son Historien, Claire pria les Prêtres et les Frères de l'assister, de lui lire la Passion, de prononcer des oraisons jaculatoires. Comme l'un d'eux, frère Junipère, tirait souvent de son cœur des paroles brûlantes, elle lui demanda d'un air joyeux et riant, s'il n'avait rien de nouveau à lui suggérer ; et aussitôt cette homme séraphique fit jaillir de la fournaise de son cœur comme des tisons enflammés, qui furent pour la Vierge un grand soulagement. Se tournant alors vers ses

---

1) A. Rio, *De l'Art chrétien*, T. 2, p. 180. — 2) 2 Tim. 4, 8.

Filles noyées dans les larmes, elle leur recommanda sa chère Pauvreté et leur rappela les bienfaits du Seigneur. Puis, avec une ineffable effusion de foi et de tendresse, elle bénit toutes ses Filles à genoux, et *toutes celles qui entreraient dans l'Ordre des Clarisses*, priant le Ciel tout entier de confirmer ses maternelles bénédictions. O scène émouvante jusqu'aux larmes ! Debout près d'elle, étaient deux compagnons du B. François, le Frère Angelo, brisé de douleur et trouvant néanmoins la force de consoler les Pauvres-Dames ; et le Frère Léon, baisant le lit de la mourante. Bientôt orphelines, ses Filles suivaient, à travers leurs larmes, tous les pas de leur Mère vers son Dieu. Elle voudraient partir avec elle. Elles déchireraient leur corps, si la pudeur le leur permettait, et leur douleur est d'autant plus aiguë qu'elle est contenue davantage. Mais, en dépit du silence claustral, elles éclatent en gémissements et en sanglots. Leur visage se gonfle de larmes, et leur cœur en est une source intarrisable (1). »

« Alors, rentrant en elle-même comme pour chanter son *Nunc dimittis*, la Vierge dit tout bas à son âme : « Pars en paix, mon âme, tu as un bon auxilière de voyage. Va, celui qui t'a créée, t'a aussi sanctifiée ; et, te gardant toujours, comme la mère son fils, il t'a aimée d'un tendre amour. Et vous, Seigneur, de m'avoir créée, soyez mille fois béni ! » — « A qui parlez-vous, ma Mère ? » lui demanda l'une de ses Sœurs. — « A mon âme bénie, » répond la moribonde. — En effet, ce *puissant auxiliaire* n'était point éloigné. Car se tournant vers l'une de ses Filles : « Voyez-vous, ma Fille, dit la Sainte, le Roi de gloire que je contemple de mes yeux ? » Ce furent ses derniers paroles.... Mais, pour nous apprendre ce qui allait suivre, le Seigneur étendit

---

1) V. 51.

aussi sa main sur une autre Sœur, et de ses yeux corporels elle vit, malgré ses larmes, une bienheureuse Apparition. Le cœur percé par le dard de la douleur, comme elle porte ses yeux vers l'entrée de la maison, voilà que, sous des habits d'une blancheur étincelante, entre une troupe de Vierges portant toutes sur leurs têtes une couronne d'or. Au milieu d'elles, s'avance une Vierge plus splendide que les autres : de son diadème fort élevé jaillit une telle splendeur que, dans tout le monastère, la nuit fait place au jour. Elle s'approche du grabat sur lequel est étendue l'Epouse de son fils, s'incline vers elle de la manière la plus affectueuse, et lui donne le plus doux des baisers. Les autres Vierges tiennent un manteau royal d'une incomparable beauté, et, toutes s'aidant à l'envi, elles en couvrent le corps de Claire et en ornent son grabat. C'est ainsi que le lendemain de la saint Laurent, 11 août 1253, la Vierge séraphique alla cueillir ses lauriers ; et qu'après avoir détruit le temple de la chair, son esprit s'envola vers les cieux. Béni départ de la vallée de larmes pour entrer dans la vie bienheureuse ! Pour avoir méprisé de misérables riens, la voilà donc assise à la table des Anges et des Saints ! Pour avoir dédaigné quelques biens vils comme la cendre, la voilà dans le royaume céleste, ornée de l'étole de l'éternelle gloire (1) ! » Ainsi parle notre pieux Auteur.

« A peine a-t-on appris dans Assise le décès de Claire que tout le peuple est consterné : hommes et femmes assiègent le monastère, et la ville devient déserte : « C'est une Sainte, c'est une Sainte ! » Ce mot vole de bouche en bouche, pendant que les larmes coulent abondantes. A leur tour se présentent les Magistrats : dès la nuit du 12, des chevaliers et des troupes armées gardent les restes vénérés, pour

---

1) V. 52.

qu'on ne perde pas un pareil trésor. Le **13**, le Saint-Père et son cortège arrivent aussi, et alors toute la ville court à St-Damien. On va procéder aux obsèques, quand Innocent IV dit aux Frères Mineurs : « A quoi bon réciter l'office des défunts ? Chantez celui des Vierges ! » Comme pour canoniser la Sainte avant de l'inhumer ! Toutefois, après une observation que lui soumit le Cardinal Raynald, le Pape fit célébrer la messe de *Requiem*. Le même Cardinal parla sur le mépris de la vanité du siècle, dont Claire avait donné au monde un si sublime exemple (1). »

« Des Cardinaux-Prêtres assistent dévotement aux funérailles et célèbrent l'office autour du cercueil. A la fin, on pense qu'il n'est ni prudent, ni convenable de laisser des Reliques si précieuses à la distance où St-Damien se trouve de la ville, et qu'il vaut mieux les transporter à St-George, où la fille reposera auprès de son Père séraphique. Le transfert fut un vrai triomphe : hymnes, trompettes, cloches, résonnèrent à l'envi. Le concours fut immense. Chacun louait Dieu et s'écriait : « Sainte, glorieuse au milieu des Anges est celle qui reçoit ces honneurs. Priez le Christ pour nous, ô primicière des Pauvres-Dames, vous qui avez fait d'innombrables pénitents, des saints innombrables (2). »

––––––

Avec la voix du peuple, retentit bientôt autour de Claire la voix plus éclatante encore du miracle.

« Le premier témoignage miraculeux en faveur des saints, remarque notre Auteur, c'est leur sainteté et leur perfection. Jean-Baptiste ne fit aucun autre miracle ; et pourtant aucun homme n'a été, aucun ne sera plus saint que lui. Il eût donc suffi pour témoigner de la sainteté de Claire du témoi-

––––––

1) V. 53. — 2) V. 54.

gnage de ses œuvres, si n'eussent demandé davantage soit la torpeur, soit la dévotion des peuples. Aussi, malgré les mérites de sa vie, et alors qu'elle est abimée dans la gloire éternelle, Claire se rend célèbre, d'un pôle à l'autre, par la splendeur de ses miracles. Ami sincère et juré de la vérité, nous devrions en parler longuement : leur multiplicité, hélas ! nous force à en passer beaucoup sous silence (1). »

Dans les treize miracles qu'il rapporte, le vénérable Auteur montre la puissance de Claire sur les esprits (2), sur les maladies (3), sur les bêtes féroces (4). Les guérisons sont résumées dans la *Bulle* de canonisation (5). Citons un trait pris dans chaque catégorie.

« Il y avait à Pérouse un jeune homme, Jacobino, qui paraissait possédé du démon. De déséspoir, il se jetait dans le feu, tombait à terre, se brisait les dents, mordait des pierres, se déchirait la tête et le corps, tenait la bouche contournée, tirait horriblement la langue, et faisait d'effroyables contorsions. Deux fois par jour se reproduisaient ces crises insensées ; et deux personnes avaient beau l'en empêcher, il mettait en lambeaux tous ses vêtements. Vainement on consulta d'habiles médecins, la science humaine fut impuissante. Sans secours du côté des hommes, son père se tourna vers sainte Claire. « O Vierge très-sainte, s'écria « Guidolotto ! ô Claire, vénérée du monde entier, je vous « consacre ce malheureux enfant, et c'est à vous que je « demande sa guérison, dans toute l'humilité de mon âme. » Plein de foi, il s'avance vers le tombeau de la Sainte, et place son fils sur la pierre du tombeau. Aussitôt sa prière est exaucée, l'enfant est délivré, il l'est pour toujours (6). »

« Non loin de Spolète, il y avait un jeune homme nommé

---

1) V. 55. — 2) V. 56, 57. — 3) 58 à 66. — 4) V. 68, 69. — 5) C. P. 57. — 6) V. 56.

Giacobello, aveugle depuis douze années, obligé d'avoir un guide, et incapable de faire un pas, sans s'exposer à se précipiter. Pour s'être permis une fois de quitter l'enfant qui le conduisait, il avait fait une chute profonde, avec fracture au bras et blessure à la tête. Or, une nuit qu'il dormait sur le pont de Varni, une Dame lui apparut et lui dit : « Giacobello, pourquoi ne viens-tu pas me trouver à Assise pour te faire délivrer ? » Le matin à son réveil, l'aveugle raconta tremblant sa vision à deux compagnons d'infortune. « Et nous, lui disent-ils, nous venons d'apprendre qu'il est mort à Assise une Religieuse dont le Seigneur, dit-on, glorifie le tombeau par des guérisons et de nombreux prodiges. » A ces mots, notre aveugle se met en marche. A Spolète, où il passe la nuit, sa vision se renouvelle. Le voilà, plus ardent que jamais, en route vers celle qui doit lui rendre la lumière. Il est à Assise. Mais, devant le tombeau de la Vierge, si compacte est la foule qu'il lui est impossible d'arriver. Désolé, espérant mieux du lendemain, il se couche, harrassé de fatigue, devant la porte de la chapelle, la tête sur une pierre. Quelle n'est pas sa joie, quand de nouveau la voix lui dit : « Courage, Giacobello, Dieu te fera du bien, si tu as le bonheur d'entrer. » Dès le lever du soleil, tout un peuple envahit les marches du sanctuaire ; et l'aveugle est réduit à demander, les yeux pleins de larmes, que, pour l'amour de Dieu, on daigne lui ouvrir un petit passage. A force de prières, de cris, de gémissements, il finit par entrer. Dans sa foi, il jette ses chaussures, pose ses vêtements, et se met une corde au cou. Parvenu sur le tombeau, il le couvre des baisers, et le touche très humblement. Dieu lui envoie comme un lent sommeil : il s'endort. « Lève-toi, lui dit alors Claire, lève-toi, tu es guéri ! » Il se lève sur le champ, il y voit parfaitement, il est guéri ! Il bénit le Seigneur, et fait retentir la chapelle des louanges de sa libératrice (1). »

« La vallée de Spolète était infectée d'animaux carnassiers. A St-Gallien, diocèse d'Assise, Bonna avait deux jeunes enfants. L'un d'eux venait d'être emporté par un loup, quand la mère toute en pleurs se vit ravir le second. Au moment où, occupée à l'intérieur, elle l'avait laissé se promener autour de la maison, la bête féroce avait fondu sur l'enfant, l'avait mordu à la tête, et s'était enfuie avec sa proie. Des vignerons voisins crient à la mère : « Regarde si tu as encore ton enfant, nous venons d'entendre des pleurs extraordinaires. » La mère se convainc de son malheur. Désespérée, elle s'écrie ; « Sainte et glorieuse Vierge Claire, rendez-moi mon pauvre enfant ! Rendez à une mère désolée le fruit de ses entrailles ! Si vous ne le faites pas, je me jette à l'eau ! » Aussitôt les voisins se mettent à courir sus au loup. O bonheur ! ils trouvent l'enfant dans la forêt voisine, et, auprès de lui, un chien qui lèche ses plaies. Le loup avait fait des morsures profondes à la tête et aux reins. Bonna reconnaissante court au tombeau de notre Sainte, elle montre les plaies de son fils à qui les veut regarder, et se répand en actions de grâces à Dieu et à sainte Claire (2). »

Après tant de merveilles, il ne manquait plus à notre Sainte que la proclamation de l'Eglise. Pressé de lui rendre cet hommage, Innocent IV activa le procès canonique, mais il mourut sans avoir accompli la noble tâche qu'il s'était imposée.

Comme pour faciliter ce grand œuvre, Dieu permit qu'à Innocent IV succédât, sous le nom d'Alexandre IV, ce

---

1) V. 59. 60. — 2) V. 68.

même Cardinal Raynald qui avait joué un si grand rôle auprès de notre Héroïne. La cause de la Sainte fut bientôt reprise, elle fut discutée attentivement. Ensuite, dans un consistoire public, au palais pontifical d'Anagni, Cardinaux, Archevêques, Clergé séculier, Religieux, Savants et Magistrats, tous n'eurent qu'une voix pour demander au Pape de glorifier sur la terre celle que Dieu glorifiait dans les Cieux (1).

Alexandre IV se montrait très sévère à l'endroit des canonisations ; on l'avait vu pour saint Stanislas de Pologne (2). Mais à un procès si concluant et à une telle unanimité il ne put refuser son suffrage et sa sentence.

Donc, deux ans seulement après le décès de notre Sainte, à l'approche du jour anniversaire de son trépas (3), dans la Cathédrale d'Agnani parée de ses plus beaux ornements, devant tous les Patriarches, Cardinaux et Prélats de la Cour romaine, en présence de milliers de fidèles accourus de tous les points de l'Ombrie, les trompettes sacrées et les cloches ayant annoncé la solennité, l'Esprit-Saint solennellement invoqué par l'immense multitude, assis sur son trône et la tiare en tête, Alexandre IV, d'une voix grave et solennelle, dans les termes fixés par Grégoire IX, et encore usités aujourd'hui, déclara et arrêta d'une manière définitive que Claire, Abbesse de l'Ordre de St-Damien, était Sainte et inscrite dans le catalogue des Saints, et ordonna que l'Eglise universelle célébrât sa fête le 12 du mois d'août, le lendemain de sa mort (4).

Après avoir prescrit à l'Auteur que nous avons parcouru de composer sa Vie, le grand Pape publia lui-même, le 6 des calendes d'octobre, la Bulle de canonisation. A la parole que nous en avons citée au début, nous en ajouterons trois

---

1) V. 70. — 2) C. P. 62. — 3) V. 70. — 4) V. 71.

qui sont comme l'exergue de ce monument immortel. « Claire, très distinguée par l'exellence de ses mérites, brille avec éclat dans le Ciel par la splendeur de sa gloire éclatante, et sur la terre par celle de ses miracles... Elle fut visiblemenl un arbre élevé : ses branches vigoureuses ont étendu leurs rameaux sur tout le champ de l'Eglise pour y présenter le doux fruit de la Religion... Elle a été la Princesse des pauvres, la Duchesse des humbles, la Maîtresse des Vierges et l'Abbesse des pénitentes (1). »

Quelles paroles, surtout quand elles tombent de si haut ! O Claire, vous voilà donc bien à l'apogée de la gloire !

Mais non, mes Frères, je me trompe. Dieu va continuer d'honorer sa servante. Alexandre IV ne put, en effet, se résoudre à laisser Claire dans l'humble église de St-George. A ses frais, le grand Pape fit construire, par un architecle distingué, un monument de premier ordre, et comme deux églises, l'intérieur pour les Filles de sainte Claire, l'extérieur pour la population. Ce fut l'église de Ste-Claire, désormais la patronne d'Assise.

Sur son invitation, le 3 octobre 1260, les Evêques de Pérouse, de Spolète et d'Assise y transférèrent solennellement le corps de la Sainte, qu'on trouva sans le moindre signe de corruption, comme si elle dormait encore. Le précieux trésor fut placé sous le maître-autel, à une grande profondeur, dans un tombeau couvert d'un épais manteau de ciment et entouré de fortes bandes de fer. Cette Translation est l'objet d'une fête spéciale dans la liturgie franciscaine. — Cinq ans plus tard, Clément IV vint en personne consacrer le maître-autel de cette église avec une pompe extraordinaire.

---

1) C. P. 49, 53.

Le tombeau de sainte Claire resta dans cet état 590 ans environ. Pendant ces six siècles, si souvent tourmentés, bien des deuils et des tristesses, bien des vents orageux passèrent sur l'asile qui l'abritait ; toujours autour de Claire on vit ses Filles et d'humbles pélerins ; et toujours une lampe modeste maintenait, avec une inscription, la tradition sur ses précieuses Reliques.

L'architecture lui avait payé son tribu. La peinture vint ensuite. Le premier, Giotto la rendit vivante, avec ce pinceau qu'il avait consacré à notre Seigneur et au Patriarche franciscain. Combien d'autres lui ont succédé !

La musique ne tarda pas à inspirer au B. Jacopone d'admirables cantiques (1). La poésie lui offrit ses hommages par le « *Divin Poète* » (2), ce génie le plus beau peut-être que le monde ait admiré depuis saint Thomas.

Saint Bonaventure traça à son sujet des pages immortelles (3). Il fut suivi d'une foule de biographes (4).

Plusieurs Papes, tels que Nicolas IV et Pie II, ainsi que bien des Prélats, eurent pour elle une dévotion particulière (5).

Sainte Thérèse, à son tour, se joignit à cette pléiade. Elle était au milieu des difficultés qui précédèrent la création de son premier Monastère. La tempête grossisait, et l'œuvre semblait devoir sombrer. Mais, dit la Sainte, « le jour de sainte Claire, lorsque j'allai communier, elle m'apparut toute éclatante de beauté, me dit de prendre courage pour achever ce que j'avais commencé et qu'elle m'assisterait. Je conçus une grande dévotion pour elle ; et ses promesses ont été suivies des effets.... Nous devons même peut-être aux prières de cette grande Sainte, la grâce que

---

1) Poésie L. 3. — 2) Parad. XI. — 3) Vie de St-François 4. — 4) C. P. passim. — 5) C. P. 47-69.

Dieu nous fait de pourvoir suffisamment à nos besoins, sans que nous ne demandions rien à personne (1). »

Dieu voulut surtout glorifier Claire dans son œuvre et sa postérité spirituelle.

Que ne fera-t-il pas pour ses Filles ! Si austère que soit leur Règle, il les rendra nombreuses comme les étoiles du du firmament. En 1680, l'Observance franciscaine comptera quarante-mille Religieuses (2).

Dans leurs rangs figureront une multitude de reines et de princesses, s'immolant dans le silence du cloître.

Sur ce tronc puissant, à côté de la branche centrale dont vous êtes les purs rejetons, mes Sœurs, pousseront d'autres branches très fécondes, elles aussi, en fruits de sainteté : les Clarisses-Urbanistes d'abord, si riches en Saintes placées sur les autels ; puis, par des greffes successives, les Religieuses-Capucines, les Conceptionistes et les Annonciades.

Pour maintenir l'abondance de la sève du palmier franciscain, Dieu enverra plus tard sainte Colette et saint Bernardin de Sienne, deux géants de sainteté.

Par ces divers moyens, l'Ordre des Clarisses fournira sa bonne part des deux-cent cinquante-deux Saints ou Bienheureux, et des soixante Vénérables, que compte aujourd'hui la triple Famille de saint François (3). Il pourra dire : « Les fleurs du ciel sont écloses parmi nous : *flores apparuerunt in terrâ nostrâ* (4). » Oui, dans sa pauvre et austère oasis, la Fille de Claire ne voit pas seulement s'épanouir, au soleil du printemps, la primevère, la giroflée, la violette,

---

1) Vie de sainte Thérèse, écrite par elle-même. C. XXXIII. — 2) Aperçu historique sur l'Ordre de saint François, par le R. P. Léon. p. 29. — 3) R. P. Léon. p. 90. — 4) Canti. Cant. 2, 12.

l'œillet et le lilas ; elle voit surtout revenir, avec un parfum de vertu, les fêtes de sainte Colette, de sainte Catherine de Bologne, des Bses Yolande et Baptista Varani. L'été ne lui ramène pas seulement la pivoine, la rose et le lis : l'autel de sa chapelle se pare de couleurs de Notre-Dame-des-Anges, de sainte Claire, de sainte Rose de Viterbe, des Bses Cunégonde, princesse de Pologne, Isabelle de France et Paule de Mantoue. En automne, elle ne goûte pas seulement le fruit du figuier, de la vigne et du noisetier : elle savoure les les douceurs confortantes des jours consacrés à sainte Véronique Giugliani et à la B. Louise de Savoie, qui nous est doublement chère. Pendant le noir hiver, apparaissent, au foyer de sa famille, sainte Agnès, les Bses Salomé, reine de Galicie, Marguerite Colonna, Séraphine Sforce, Antoinette, Eustochie et Matthie de Nazaréis. Le jardin de Claire est donc un parterre, qui, chaque saison, donne des fleurs, non point semblables, mais de couleurs variées, et d'un arôme délicieux ; *flores apparuerunt in terrâ nostrâ.*

Enfin pour glorifier encore notre admirable Sainte, Dieu a voulu qu'elle apparût, au soleil de notre siècle, aussi glorieuse que dans le siècle qui l'a vu naître.

Depuis 590 ans, elle reposait dans l'obscurité du tombeau quand, le 23 septembre 1850, son corps vénéré fut exhumé par ordre de Pie IX. On le retrouva tout entier, quoique à l'état de squelette. « Des feuilles de lauriers encore intactes, écrivirent ses Religieuses, conservant leur couleur naturelle et la flexibilité de leur feuillage cueilli tout récemment, ceignaient sa tête virginale, et, dans sa main droite, on voyait encore les tiges des fleurs qu'on y avait mises comme un symbole de vertus dont sa vie fut ornée (1). »

---

1) Lettre du 28 octobre 1850.

Claire fut alors portée processionnellement dans toute la ville d'Assise, au milieu d'ovations indescriptibles ; puis on la rendit à ses Filles qui couvrirent ses Restes précieux de l'habit de leur Ordre.

Or l'Invention de sainte Claire fut le signal de grâces nouvelles, souvent miraculeuses, dont les procès-verbaux se trouvent à l'Evêché d'Assise, et dont le récit occupe bien les pages dans sa Vie (1). Que nous serions heureux de vous en parler, si le temps le permettait ! Aussi voit-on accourir chaque jour, autour du corps virginal de la sainte Abesse, des pélerins venus de tous les coins de l'univers.

La vérification juridique de ses vêtements se fit le 17 septembre 1851. Les Clarisses d'Assise furent alors admises, et pendant cinq heures, au bonheur de rassasier leurs yeux et leurs cœurs du spectacle de ces saintes livrées de la vertu. « Ici, écrit l'une d'elles, c'est son voile noir, le même que notre Mère portait tandis qu'elle vivait encore dans cette vallée de larmes. Et ce cilice en crin tressé avec des cordes pleines de nœuds, qui couvrait toute sa taille, avec des manches en laine pleines d'aspérités, comme il est lourd ! Vous ne pouvez le prendre sans vous piquer les doigts ; ni le baiser sans déchirer vos lèvres. Voilà pourtant, ô notre Mère, ce que vous portiéz sur votre chair délicate. Voilà bien de quoi nous confondre !... Et le manteau de notre Mère, qu'il est aussi grossier, pauvre et pesant !... Et cette tunique extérieure faite à ouverture comme les nôtres, comme tout y respire la pauvreté !... Et cette tunique intérieure plus pauvre encore ! on pleure rien qu'à la voir : ce n'est qu'un tissu de pièces rapportées les unes aux autres ; on ne saurait en compter le nombre ; il y en a de toutes qualités, fines et

---

1) Demore. L. 4, ch. 16 et 17.

grossières ; c'est plutôt un cilice... O mes très douces Sœurs, comme cette exposition de reliques fut pour nous une éloquente instruction (1) ! »

Aujourd'hui la « Princesse des pauvres » repose près de ses Filles, dans une chasse magnifique, au dessous de son église supérieure. Elle est là, près de l'Eucharistie qu'elle a tant aimée, entourée de marbres blancs qui disent son angélique pureté, et de lampes ardentes qui symbolisent sa foi, son espérance et son amour. C'est dans cette crypte que nous avons eu le bonheur de nous prosterner, nous aussi, pour recevoir sa sainte bénédiction.

Quelle est donc grande, ô mes Frères, la sainte Patronne de ces lieux ! Quelle est belle aussi sous la couronne de ses mérites et sous son auréole de gloire ! Comme elle commande la vénération ! Comme elle inspire la confiance et l'amour ! Comme il fera bon la contempler un jour, non parmi les citoyens, mais parmi les princes de la cour céleste !

Quelle est belle aussi sa Famille religieuse ! Combien d'ancêtres elle compte déjà dans les Cieux, auxquels l'Eglise rend un culte public ! Combien elle a de membres illustres, même selon le monde ! Et combien elle s'anoblit, chaque jour, par sa fidélité aux traditions de la Vierge d'Assise !

Heureuses les cités qui abritent ces anges de la terre !

Douce et chère ville d'Evian, succursale d'Assise, dois-tu ce bonheur à Notre-Dame de Grâces que t'ont apportée les Filles de sainte Claire ? Ou bien à ta devise que tu n'as point répudiée : *Deo Regique fidelis* : *A Dieu et au Roi fidélité* ? Ou bien encore aux prières des saints Abbés Picollet ?

---

1) Lettre du 8 octobre 1851. — Demore. L. 4, ch. 18.

Je l'ignore. Quoiqu'il en soit, tant que, dans ta riche couronne de Maisons religieuses, tu garderas de fidèles et ferventes Clarisses, tu posséderas en elles un trésor plus précieux que tes villas, un flambeau plus lumineux que ton phare élégant, un paratonnerre plus élevé que le Jura dessinant ton horizon, un appui plus fort que les montagnes qui t'avoisinent, un spectacle plus beau, pour Dieu, les Anges et les hommes sensés, que ton ciel d'azur, ton grand lac et tes rives enchanteresses ; et le Seigneur t'a fait, dans les Pauvres-Dames, un présent qu'il n'a point fait à toutes les nations, *non fecit taliter omni nationi* (1).

Heureuses vous aussi, Mesdames, qui prenez sur votre superflu la dîme généreuse de vos Sœurs vénérées vivantes dans ce cloître ! Ah ! vous le savez assez, si la Clarisse accepte un peu de pain, si même quelquefois elle provoque discrètement une aumône, ce n'est point, certes, pour nourrir la paresse, la vanité, la gourmandise, ce que l'Eglise a toujours condamné (2); c'est parce que, chargée d'être la Compagne assidue de Jésus, même au cœur de la nuit, elle ne peut pas se livrer à un travail assez rémunérateur ; c'est que, recevant ce morceau de pain, elle rend en retour des aumônes supérieures(3) ; c'est aussi, nous dit encore le Docteur angélique, pour faire un exercice d'humilité et l'un des plus pénibles (4) ; c'est, nous l'avons vu, parce que le Monastère ne peut, sans forfaire à la conscience et à l'honneur séraphique, garder *pour lui-même*, quellesque soient ses charges, le moindre revenu, la moindre réserve un peu considérable.

Quelle est éloquente enfin la Sainte qui nous parle en ce jour et dont je ne suis, hélas ! que le bien misérable instru-

---

1) Ps. 147. 20. — 2) S. Thom. Sum. th. 2, 2^{ae}, 87, 4. —
3) Sum. th. 2. 2^{ae}, 32, 3. — 4) Sum th. 2^{ae}, 2^{ae}, 9. 187, a. 5.

ment ! Comme elle nous apprend à dédaigner la terre, pour penser au ciel ; à ne pas écouter, en fait de vocation, la voix de la chair et du sang, mais celle de la grâce ; à mépriser Satan et ses assauts, toujours si acharnés contre celui qui *s'approche du service de Dieu* (1) ; à compter sur Jésus-Christ pour nous-mêmes et pour l'Eglise, fussions-nous seuls, comme Claire, devant une nuée d'ennemis ; à supporter avec joie le poids des infirmités et des maladies, dût-il se faire sentir, à nous aussi, pendant vingt-huit ans ; à vivre de la foi (2), en toute sobriété, justice et piété (3) ; à marcher de vertu en vertu, jusqu'au jour du trépas, sans jamais dire : C'est assez ! Comme elle vous recommande à vous-mêmes, Mères vénérées, de tenir toujours sa Règle — et toute sa Règle — écrite dans vos cœurs, semblables aux Réchabites gardant celle de Jonadab, leur père, afin que, comme eux, « vous viviez longtemps sur la terre dans laquelle vous êtes étrangères (4). »

Pour qu'il en soit ainsi, ô Claire, soyez notre avocate et notre protectrice. Nous vous en prions, attirez-nous à l'odeur de vos parfums, *curremus in odorem unguentorum tuorum* (5). Introduisez-nous dans les celliers du Roi de la grâce et de la gloire. Donnez-nous la simplicité qui mène droit à Dieu par l'imitation de ses Saints, *recti diligunt te*. Nous le savons, cela ne se fera pas sans peine, car vous êtes noire, noire comme la fumée du sacrifice ; mais les épines se changeront en roses, car vous êtes belle, belle comme le feu sacré qui dévorait l'holocauste : *nigra sum, sed formosa*. Mais qu'importe que je marche, un jour, sous une tente embrunie par le soleil de l'Arabie, *sicut tabernacula*

---

1) Eccli. 2, 1. — 2) Hebr. 10, 38. — 3) Ad Tit. 2, 12. — 4) Jer. 35, 7. — 5) Cantic. Cant. 1.

Cedar, pour que, toute une éternité, sous les pavillons de Salomon, *sicut pelles Salomonis*, je jouisse auprès de vous, ma Sœur et ma Mère, du repos de la céleste Jérusalem ?

PRIÈRE

Accordez, ô Seigneur ! à vos serviteurs qui renouvellent la mémoire de la Bienheureuse Vierge sainte Claire, de devenir, par son intercession, participant des joies célestes, et cohéritiers de votre Fils unique, Notre Seigneur Jésus-Christ, qui vit et règne avec vous dans tous les siècles des siècles.

Ainsi soit-il.

TABLE DES MATIÈRES

9 782019 147549